系列

满族才女顾太清

姜越·编著

群言出版社
QUNYAN PRESS
·北京·

图书在版编目（CIP）数据

满族才女——顾太清／姜越编著．—北京：群言出版社，2016.9（2020.8 重印）

（红颜才女系列）

ISBN 978-7-80256-817-4

Ⅰ.①满… Ⅱ.①姜… Ⅲ.①顾太清（1799～1877）-传记 Ⅳ.①K825.6

中国版本图书馆 CIP 数据核字（2015）第 173153 号

责任编辑：刘占凤
封面设计：侯　泰

出版发行：群言出版社
地　　址：北京市东城区东厂胡同北巷 1 号（100006）
网　　址：www.qypublish.com
自营网店：http://qycbs.shop.kongfz.com（孔夫子旧书网）
http://www.qypublish.com（群言出版社官网）
电子信箱：qunyancbs@126.com
联系电话：010-65267783 65263836
经　　销：全国新华书店

印　　刷：北京晨旭印刷厂
版　　次：2016 年 9 月第 1 版　2020 年 8 月第 2 次印刷
开　　本：640mm×960mm　1/16
印　　张：16.5
字　　数：260 千字
书　　号：ISBN 978-7-80256-817-4
定　　价：38.00 元

前　言

清代文坛鼎盛，但有名气的满族文人终是寥寥，要说在诗词方面占有一席之地的满人，一般就认为只有“男中成容若，女中太清春”，成容若就是纳兰性德，乃康熙年代的大词家，太清春则是顾太清了。

中国的文坛长期由男性统治，女作家可谓凤毛麟角，难以数记的女性被禁在深闺里，无人知晓。明末清初，部分大胆的女子走出闺房，结社吟诗，抒发自己内心丰富的情感。顾太清就是其中的一员，她曾与当时京师的满汉才女结集秋红吟社，联吟诗词，在中国女性文学史留下了一道亮丽的风景。

顾太清在跌宕起伏的社会中不为困窘所局，坚持不懈地进行文学创作，将生活条件、社会地位、个人感情的变化，自然地反映在她的作品之中，欢愉杂着凄苦，哀怨伴着自强；于明快之中见深沉，清俊之中见稳重，使她当之无愧地成为清代满族文学创作的佼佼者。

顾太清善诗词书画，有一代才女之称。她的文学创作涉及诗、词、小说、绘画，尤以词名重士林。她的词造诣之高，体现在烹词炼句自然精工，无着意刻划痕迹，又善构意境。太清晚年还自署“云槎外史”之名，著作小说《红楼梦影》，成为中国小说史上第一位女性小说家。其文采见识，非同凡响。

顾太清多才多艺，且一生写作不辍。她做诗词全凭才气，不摆“唐模宋轨”的架子，倒也潇洒自如，平添一种风流态度。著有词集《东海阁集》和诗集《天游阁集》。

《名媛诗话》说她“才气横溢，援笔立成。待人诚信，无骄矜习气，唱和皆即席挥毫，不待铜钵声终，俱已脱稿。”难怪评者说她深得宋人多家词奥，“其词气足神完，信笔挥洒，直抒胸臆，不造作，无矫饰，宛如行云流水，纤豪不滞，脱却了朱阁香闺的情切切、意绵绵，吟风弄月之习，词风多近东坡、稼轩。太清词真如一串熠熠闪光的玑珠，令人喜读乐诵，其诗亦然。所涉猎题材之广，反映生活之吟，竟出自久居清廷宗室中一贵夫人之手，实不能不令人惊叹。”

本书按时间的维度记述了一代才女顾太清坎坷曲折却不失幸福的一生。顾太清是淡若梨花的女子，美丽而清雅，月时隐时现，好似她的一生，有起有落。透过历史的轻烟去看她，读她的词，那轻烟似乎在逐渐消散，让我们清楚地看到，她立在树下，仰望苍穹对月低吟的倩影。相信“清代第一女词人”顾太清将万古流芳!

由于时间仓促，作者水平有限，书中错漏缺点在所难免，恳请读者批评指正。希望本书可以让广大读者从中学到知识，开阔视野，全面细致地了解历史人物的传奇人生。

第三章 嫁郎君，诗词歌赋伴婚姻

缘分早已是上天安排好的，他们虽历经波折，最终却也终成眷属。锦衣玉食再无生计之苦，与贝勒奕绘流连花前月下，诗词酬唱，深深陶醉；与妙华夫人情同姊妹，和睦相处。

第四章 斯人去，红颜唱哀歌

令人陶醉的日子过了九年，顾太清甚至都快忘记了世间愁为何物。然而好景不长，令顾太清万万没有想到的是，这种“琴瑟友之”的美满生活竟然突变。贝勒奕绘突然一病不起，离开人世。而她也被卷入了一场改变她后半生的桃色绯闻。

第五章　情深处，悲喜人生大不同

同样是与一代才女留下密切联系记载的人，然而两人的命运却差别极大。一个是皇家后代，年轻贝勒，生活无忧，家庭美满。一个却是终身郁郁不得志，不容于官场，私德也颇受世人诟病，只留下瑰丽的诗篇。

第六章　作遗妃，红颜女子多薄命

她嫁给了贝勒奕绘为侧室，夫妻皆非尘世俗人，可谓鸾凤和鸣。凭着贝勒王爵的优越条件，他们生计无虑，又能看穿名利之累，于是常常寄情山水，和唱诗词。可惜好景无常，很快顾太清开始了她的另一种艰苦生活。

第七章 广交游，结识四方友

顾太清是清代文坛颇具影响的女作家。她的交游范围非常广泛，对其交游的考察可以了解清代知识女性的生存状态和思想风貌，以及转型时期妇女社会地位的上升和女性生命意识的觉醒。

第八章 续红楼，品咂人生百味

清代女作家顾太清的《红楼梦影》是多种《红楼梦》续书中颇具特色的一种。她以自身贵族妇女的生活体验和情感经历为基础，想象了宝黛悲剧之后贾宝玉归依家庭与社会的生活场景。同时，她在作品中所传达的传统知识女性的生活理想又是不可忽视的。

第九章 赏佳作，洞悉红颜才女

人总说红颜女子多薄命，但诸如顾太清之流的才女，除了让后人嗟叹之外，更给天下人展示出了一种精神的超脱，异样的风采。她作诗词全凭才气，潇洒自如，实属难得。

第十章 女流辈，诗词气格别样情

顾太清、奕绘夫妇的题画诗词总数是古今第一。日久天长，这些题画诗词自然涵育了顾太清高雅的艺术品味、雅洁的清趣，成为她独特"气格"的重要内涵。

第一章 女词人，传奇身世成谜

一代女词人的真实姓名是什么？她是满人还是汉人？她是否仅仅是贝勒奕绘的一位侧室？她在当时的文坛上有些什么样的活动？她自己又有些什么样的创作？……诸多问题看似很简单，可就是长期以来得不到解决，“顾太清”是一个怎样的人也就成了一个谜。

身世成谜，说法不一

顾太清生于嘉庆四年正月初五日。一生经历坎坷，时起时伏，变化很大。11岁前居住在北京，因系“罪人之后，”家庭生活困难。11岁之后流落江南，曾到过闽粤，住过苏杭，在坎坷流离中度过了少女时代。

中国文学史研究对清代特别是晚清部分，相对来说比较薄弱；而对这一时期的满族作家作品的研究又尤其薄弱（对曹雪芹及其《红楼梦》的研究例外）。其实，满人入关后，受汉族文化的薰陶和影响，加之其一直处于统治地位，各方面条件迅速发生变化，满人中也出现了一些很有影响的文人，曹雪芹是最突出的代表，除此以外，也还有许多人值得注意和研究。可是，翻查文学史著，关于满族作家作品的论述却极少，有的甚至付诸阙如。即以当时颇为著名的诗（词）人来说，曾被近代学者王鹏运评为“满洲词人中，男有成容若，女有太清春”的两人，对前者（纳兰性德），人们并不陌生，甚至还因受人喜爱而享有盛誉，而对后者，知道的人就不多了。这样一位与纳兰性德并列的女作家，在一些文学史家眼里，连“一笔带过”的待遇都没有！实在令人禁不住“一声叹息”！

从一些史料看，顾太清“才丰貌美，诗词俱佳”，不但能画，且创作并出版小说《红楼梦影》（较早的《红楼梦》续书之一），算得上中国小说史上第一位女性小说家。但是，长期以来，因为材料佚失，关于这位曾经名噪一时的女词人，不但人们知之甚少，且有许多问题像迷雾一般萦绕着她，让人对她的面貌都不易窥测得清。

一个满族旗人女子，以汉人姓名“顾太清”垂名后世，确实让人无法不好奇。关于顾太清的姓名问题，学界、民间一直存有不同的说法，其中尤以冒广生在为她的诗集《天游阁集》作序时所言“太清姓顾，或曰吴人，或曰顾八代之裔”最为著名。吴人之说，大概是因为太清曾在吴地居住过相当长一段时间，以讹传讹造成的。对后者，近代学者，词人，光绪朝进士文廷式亦持此说，他在《琴风余谭》中说，满族女史顾太清者，为尚书顾八代之曾孙女。顾八代是康熙朝的重臣，雍正帝的老师，名声响亮，但他姓伊尔根觉罗氏，并不姓顾，此说更不可信。太清的外孙富察敦崇则谓：“外祖母姓西林觉罗氏，鄂文端公之族人，幼育于姑母顾氏家，故又姓顾。”恩华《八旗艺文编目》采用此说：“太清幼育于姑母顾氏，故姓顾，名春。”杨钟羲说：“寄食于顾氏，顾为荣邸护卫。”启功则说：“此顾为荣邸护卫，盖以冒之报挡子者，或以避获罪者后裔之故。”

杨雪桥说，“太清是西林鄂文端（尔泰）之曾孙女，幼经变故，养于顾氏。顾为荣（亲王）邸待卫，因而被选为幻园贝勒侧福晋。”说养于顾氏，与实不符。恩咏春说：“尝读敦礼臣《哭砚》诗注云，外祖母姓西林觉罗氏，……幼育于祖母顾氏，故又姓顾。”实为掩盖“罪人之裔”真相。

总之，关于太清身世，其为何姓顾，实在是众说纷纭，莫衷一是。

关于其生卒年份，亦有争议。齐燕铭根据《天游阁集》编年诗推定其生年为嘉庆四年，即 1799 年，关于卒年的情况则注其未详。“考诗集注明年月者，最后为壬寅夏四月二十二日，壬寅者，道光二十二年，则卒年当在此后，约五十余岁。”道光二十二年即 1842 年。黄世中认为齐燕铭的这一推测是不确切的，他根据顾太清词《烛影摇红》“四十年来，伤心惨目”之句，推测顾春在光绪四年尚健在，享年应在 80 岁以上，这样他认为顾太清的卒年当在 1880 年以后。卢兴基认为太清一生经历了嘉庆、道光、咸丰、同治四朝，至光绪二年尚在世，大约次年逝世，享年 77 岁。金启孮根据《荣府家乘》与《爱新觉罗族谱》记载确定:顾太清生于嘉庆四年（1799）已未正月初五，卒于光绪三年（1877）丁丑十一月初三，享年七十九岁。这一说法现已为大多数研究者所接受，如张璋《八旗有才女，西林一枝花——记清代满族女文学家顾太清》、赵伯陶《关于满族女词人顾太清的几个问题》及黄嫣梨《清代四大词人》皆采信此说。

关于顾太清的祖籍，在清末民初有二说：一说为吴人（冒广生《天游阁集序》），一说为铁岭人（况周颐《东海渔歌序》）。铁岭之说又有二种:一说为鄂尔泰曾孙女（杨钟羲《雪桥诗话三集》），一说为顾八代曾孙女（文廷式《琴风余谭》）。但最近几十年来，吴人之说已为大家所否定，而关于铁岭人之说又在进一步复杂化。1980 年，金启孮根据《荣府家乘》与《爱新觉罗族谱》考证，断定顾春应写作西林春，字梅仙，号太清，满族镶蓝旗人。1989 年，张钧根据太清的诗词原稿《天游阁集》卷首之自署，推定顾春字子春，号太清，自号太清春，汉军人。1996 年，柯愈春亦据稿本《天游阁集》之自署，推测顾春姓西林，名春，字太清，清乾隆间甘肃巡抚鄂昌孙女，镶黄满州人。上述三种说法，关于顾春为汉军之说，显然出自恽珠《国朝闺秀正始集》，但这一说法已为人们所否定，现在大家一致接受金启孮满族镶蓝旗的说法。如卢兴基综合上述诸家之说后指出:“原来她并不姓顾，也不是什么吴（今江苏苏州）人；不是顾八代（乾隆时的大臣，姓伊尔根觉罗氏）之后；更不是所传因育于外家，外家姓顾，所以她得了‘顾’姓。她姓西林觉罗氏，满洲镶蓝旗人，是雍、乾两朝重臣鄂尔泰的侄重孙女。祖父鄂昌也做到甘肃巡抚等职，不想牵连进胡中藻《坚磨生诗钞》的文字狱案，被乾隆帝赏赐自尽，从此家族败落，后代沦为‘罪人之后’。父亲鄂实峰只得以游幕为生，娶妻香山富察氏，生子鄂少峰、太清及妹霞仙。她本名春，字子春，又字梅仙，号太清，别号云槎外史，所以她的真实姓名应是西林春。”

但还有两个存在争议的地方。一个是何以姓顾，一个是关于“丁香花案”的问题。关于“何以姓顾”，大家都认为与其祖父鄂昌牵连进胡中藻的《坚磨生诗钞》案有关。所以姓顾则有二说：一说是被一顾姓收养，而顾氏为荣府之包衣人，荣府即奕绘贝勒之府邸，奕绘为乾隆帝第五子荣亲王永琪之孙，故名。太清以故能进入荣府，成为奕绘的侧福晋(张钧、黄世中)；一说是因为太清的祖父鄂昌为大学士鄂尔泰之侄，在胡中藻诗狱中获罪，鄂家受牵连，成为罪人之后。太清入为奕绘贝勒侧室，呈报宗人府，遂假托于顾氏（冒称护卫顾文星之女）（金启孮），张璋亦同意此说。为什么罪人之后能入为贝勒奕绘侧室呢？张璋分析说，奕绘为荣亲王永琪之孙，永琪之妻为鄂尔泰的儿子鄂弼之女，因此太清与奕绘有亲戚关系，他们之间互有往来，又共同爱好诗词，由诗词而相互倾慕，由倾慕而成为伉俪。张菊玲也同意此说，她认为太清早年去了闽海、江浙一带，后来投奔旧戚荣王府，作格格们的教师，并与奕绘相慕相爱，几经周折，终于在道光四年春被纳为侧福晋。但这里还涉及太清幼年是否去过南方的问题。金启孮说：“太清没到过，没听家人说过。”而赵伯陶、张璋、张菊玲、卢兴基等认为是到过南方的。卢兴基根据太清的诗词推定，太清七岁以前去过广东，嘉庆十五年太清 12 岁以后，至太清 26 岁即道光四年，这段时间她侨寓江南，到过金陵、苏州、杭州等地。应该说这一说法是可信的。

总的说来，太清“幼经变故”及“养于顾氏”的问题，基本上是澄清了，但有些问题至今争论不休，如在奕绘逝后她被扫地出门的原因。过去人们议论较多的是太清与龚自珍的私情即所谓“丁香花案”。所谓“丁香花案”是顾太清与一代文豪龚自珍的绯闻。公案乃由一首闲诗惹起，经过某些热心人一渲染，变得香艳炙口，亦假亦真，最后的结果是王妃顾太清被逐出王府、从此沉落市井，龚自珍则引咎自责，惶惶离开京城。此事详情待后面章节慢慢道来。此说见于冒广生的《记太清遗事诗六首》、李伯元的《南亭四话》，在20世纪二三十年代已有学者对这一说法提出辨难，如清史学家孟森、词学家况周颐及文学家苏雪林分别撰文进行考证，认为“丁香花案”实属子虚乌有。近20年来，关于太清在奕绘逝后她全家被扫地出门的原因，有这样三种说法：第一种说法是继续认为与“丁香花案”有关（黄世中、柯愈春、张璋）；第二种说法认为是因为她文名太盛，树大招风（赵伯陶、张菊玲）；第三种说法认为此事与奕绘长子载钧（妙华夫人所生）意图霸产有关（卢兴基）。但这些看法都只是一些猜测之辞，都没有拿出言之有理的证据。不管有怎样的分歧，太清在清代词坛的重要地位是大家所公认的客观事实。

名门之后，书香世家

顾太清的祖父是清代有名的大学士鄂尔泰的侄子，甘肃巡抚鄂昌。鄂昌的儿子鄂实峰娶香山富察氏女后，生一子二女，长女即太清，本名春，字梅仙，号太清。

据《清史稿》卷二八八《列传》十五载:“鄂尔泰，字毅庵，西林觉罗氏，满洲镶蓝旗人。世居旺钦（今汪清），国初有屯泰者，以七村附太祖，授牛录额真。子图扪，事太宗，从战大凌河，击明将张理，陈殁，授备御世职，雍正初祀昭忠祠。”

又据《八旗通志》人物志《大臣传》四七一载：“鄂尔泰由举人于康熙四十二年袭佐领，授三侍卫。五十五年迁内务府员外郎……历康熙、雍正、乾隆三朝，曾任都统、内大臣等要职，为显赫一时的人物。然而至乾隆二十二年，其侄鄂昌因文字狱受牵连，被赐自尽。”鄂昌是太清的祖父，太清一出生便是“罪臣之后”，从此身世飘零，生活多难。

太清的一生命运转折点都与其出身相关，因此有必要详细梳理其家族历史。这要从其祖上说起。

太清始祖名屯台，清初归太祖努尔哈赤，官牛录额真；二世祖图们，官备御；三世祖图彦图曾参与山海关之战，从多尔衮入关，官至户部理事官，以廉洁著称。

图彦图有四子，图拜、吴拜、鄂拜、苏拜。其第三子鄂拜即太清之高祖。鄂拜生有六子，长子鄂善为笔帖式，即太清之曾祖，其第三子鄂尔泰后为议政大臣、保和殿大学士，即太清的叔曾祖。太清曾祖父鄂善有一子名鄂昌，官至甘肃巡抚，即太清之祖父。

顾太清的上辈中，官做的最大的是鄂尔泰，太清祖父鄂昌后来的获罪，也和鄂尔泰有一定的关系。

鄂尔泰，字毅庵，康熙三十八年举人，四十二年袭佐领授三等侍卫，五十五年迁内务府员外郎。内务府是管理皇宫财务的机关，康熙帝晚年，诸皇子纷纷结交官府，培植党羽，需索财物。有一次，皇四子即后来的雍正皇帝，向鄂尔泰有所请求，被鄂尔泰一口拒绝并说："皇子宜毓德春华，不可交结外官！"雍正虽遭拒绝，但从心里佩服他的廉洁和胆量，自己做了皇帝之后，便提拔重用他，并对他说："汝守法甚坚，今任汝为大臣，必不受他人之请托也。"

鄂尔泰官运的转机是在雍正继位之时。雍正三年（1725 年），被迁移为广西巡抚，雍正四年（1726 年）调任云贵总督，兼辖广西，他在云南实行设置州县、改土归流，加强中央对西南地区的统治。雍正十三年（1735 年），雍正帝驾崩，与张廷玉等同受遗命辅政，担任总理事务大臣，历任军机大臣、领侍卫内大臣、议政大臣、经筵讲官，管翰林院掌院事，加衔太傅，国史馆、三礼馆、玉牒馆总裁，赐号襄勤伯。乾隆十年（1745 年）病逝，享年六十六岁。谥文端，配享太庙，入祀京师贤良祠。鄂尔泰一生历康熙、雍正、乾隆三朝，出将入相，多任要职，为显赫一时的人物。

鄂尔泰仕途的巅峰是从雍正到乾隆初年，一直做到议政大臣、保和殿大学士。与鄂尔泰同时，另外还有一个受雍正皇帝重用的大臣，便是张廷玉。

张廷玉，字衡臣，安徽桐城人，是大学士张英的儿子。康熙三十九年进士、直南书房，后来也做到保和殿大学士兼吏部尚书。这个人既有文采，又很机警。在雍正帝召见他时，问起当时各部、院大臣和他所属下的司员、胥吏的姓名、籍贯及中试的科目先后，他都能详细回答，毫无错误。张廷玉又善于窥测皇帝的意向，每办一件事都能迎合皇帝的意图，所以雍正对他言听计从。

后来，鄂尔泰和张廷玉二人又同入军机处办事，每人手下都有一帮亲信的人，渐至“门下士互相推奉，渐至分朋引类，阴为角斗。”在朝臣中形成鄂、张两党，互相攻击。鄂尔泰的门生胡中藻，广西人，官至翰林学士，督湖南学政。他是鄂尔泰最得意的弟子，胡中藻很锋利，视“张党如寇仇”。张党就处心积虑地罗织胡中藻的罪状，在他的诗集《坚磨生诗钞》中寻章摘句，发现有“一世无日月”、“又降一世夏秋冬”等诗句，就诬告他攻击朝廷，诗中还有“斯文欲被蛮”等句，因有“夷”、“蛮”字样，被说成是辱骂“满人”；又有“老佛如今无疾病，朝门闻说不开开”句，被指斥是讥讽乾隆的朝门开不开。特别有句诗云“一把心肠论浊清。”乾隆帝看后说：“加‘浊’字于国号‘清’字之上，是何肺腑?”认为其悖逆诋讪怨望之处甚多。又说他当年任广西学政时，出的考试题“乾三爻不象龙说”，是含沙射影，龙与隆同音，以此攻击乾隆不配当皇帝。因为这样种种罪名，按律应当凌迟处死，但乾隆帝“宽厚”为怀，于乾隆二十年四月十一日胡中藻被斩首示众。四月，将其处死。

顾太清的祖父鄂昌，是鄂尔泰的亲侄子，常和胡中藻一起作诗唱和，也被冤狱牵连进去。结果胡中藻被杀，鄂昌被赐自尽。这时鄂尔泰已死，其牌位被撤出贤良祠。鄂昌之罪当时曾传谕八旗，家被抄没，太清的父亲鄂实峰在京中无地容身，便移家到香山健锐营去住。三十多岁

顾太清画像

才娶香山富察氏女。结婚后生过五个子女，长大成人的只有一子鄂少峰和二女太清与霞仙。由鄂昌到太清已经是第三代人了，但是太清一家还戴着“罪人之后”的帽子，没有摘掉。

鄂家本为书香世家，鄂尔泰家族是清代满族文学家族的典型代表之一。鄂尔泰本人六岁入学，攻读四书五经，八岁开始作文，练习书法，十六岁应童子试，次年中秀才，十九岁补廪膳生，二十岁中举，即进入仕途，可以说是少年才子。

鄂尔泰虽然一生沉浮于宦海，却钟爱文墨，略有闲暇或与友谈经论史，或吟诗作赋。鄂尔泰为江苏布政使时曾辑《南邦黎献集》十六卷。鄂容安等撰《鄂尔泰年谱》（中华书局，1993，第16页）有云：“雍正三年（1725）六月刊《南邦黎献集》。黎献集者，公在江南所选群贤之试文也。公每会课于紫阳书院之春风亭，与贤卿名士互相唱和，时集数十百人，而四方从游，公余少暇，辙与论经史，谈经济，多前贤所未发，学者无不倾心动魄，恨闻到之晚。公乃分为古今文集，俱题曰‘南邦黎献’，取黎献思臣之意。”

鄂尔泰的文学素养可以从他的一些诗歌中得到体现。鄂尔泰的诗歌集于《西林遗稿》，为其门人杨潮观整理，于乾隆三十九年刊刻。《遗稿》六卷，内存古体诗三十一首，五言律诗一百四十七首，七言律诗一百九十四首，五七排律与五七绝句九十五首，计四百六十七首。其诗歌按体裁大致可分为自然风光、书画题咏、登临凭吊、亲友酬唱、燕居逸乐、伤逝悼亡、分韵应制七大类。

南营山房纪兴

卜筑倚重峦，去霄迥欲攀。
开轩平对月，入户小登山。
鸡犬红尘隔，牛羊碧落间。
薄寒酬短景，随意辟乌蛮。

这首诗乃鄂尔泰任总督时对云贵、广西三省少数民族起义用兵时所作。诗写依山筑营房的景色，意境高敞，言语清新，为边塞诗中少见之作。

鄂尔泰曾于苏、云、贵、桂、陕等省为官，饱览祖国大好河山之美，因此其诗作有吟咏自然风光之作不在少数。诗人在此类诗的写作中亦融入真情，寓情于景，情境交融。如诗人路径广西途中所写的《归次南宁赋怀》诗：

一骑因曾万里来，南宁小驻意徘徊。
回塘白水吹还皱，夹岸青裳展不开。
六诏人文皆二妙，五华风景隔重台。
优昙花放知多少，梦里依稀傍玉堆。

诗人从云南归来，路过南宁，为优美的自然景色所吸引，诗人以“回塘白水吹还皱”与“夹岸青裳展不开”两句即解释了其为何“小驻意徘徊”。诗人不用惊人之语，仅以清新的语言、朴素的风格便表现出流连忘返之情。

鄂尔泰亦的政治生涯中曾多次督抚一地为封疆大吏，眼见过战乱、自然灾害带给人民的灾难，因此其诗歌中不乏关心民瘼之作。如《怀来道中感事二首》：

罡风裂地轴，灾异纪平阳。
复此沙城店，遥连土木乡。
千门无半堵，十族只单行。
痛定还思痛，疮痍未忍忘。

坤维曾不奠，旱魃更成灾。
斗粟千钱值，田禾一望摧。
流亡兼老病，黎黑到童孩。
独有神明宰，官衙日酒杯。

此诗第一首纪康熙五十八年七至八月怀来、榆次县地震之灾，表示了深切的同情；第二首是写地震后接着旱荒，人民陷入饥馑之灾，奄奄待毙，而当地县令却日日饮酒作乐，在强烈对比中批判了渎职贪鄙的官吏。

鄂尔泰为人正直耿介，他能将生活中所思所想表达在诗歌作品中，真实地反映生活，故而其诗作中充满真情实感。如其《友人富景韩以户曹主政，随年制军赈秦中，旋授甘肃布政使，仆时为内府郎，作诗寄之》诗：

戎马正当荒歉日，一麾初领大藩时。
因人自古难成事，为国何年可罢师。
手理乱丝须用缓，方医恶疾不妨奇。
与君廿载为朋友，未敢缄情致贺词。

此诗是鄂尔泰在听闻好友富景韩以户部主事职随年羹尧散赈与秦中，并擢为甘肃布政使事后所作。鄂尔泰对于此事可谓喜忧参半当时，喜的是富景韩被超擢重用，忧的是富与年羹尧一起共事，做此诗以告诫友人。诗人在诗中不仅写出朋友间的真诚厚意，后也表现出了其先见之明。在自己的朋友升官时，奉劝其慎事爱民，希望朋友不要因循守旧，而要出奇制胜、踏踏实实地解决难题。

鄂尔泰诗歌中亦体现出清代满族文人所共有的慕道之味，如《咏怀三首》：

（其一）

丈夫不苟得，自处审所难。
多愿长恻恻，小心日拳拳。

旷达不敢出，激烈非所安。
终惧昧道要，拘鄙愧高贤。
材力苦不广，天地岂不宽。
嗟嗟西林子，徒乃损肺肝。

（其二）

下策取富贵，上策学神仙。
二者成两失，相将食与眠。
谋身贵有术，得计良独偏。
予遂无此心，欲语增羞颜。

（其三）

天道有终极，人事互更迁。
造物讵不仁，斯理固自然。
勿为失者笑，勿为得者欢。
凉风来北窗，得失谁复言。

鄂尔泰显赫于雍正朝，为雍正帝近臣，然伴君如伴虎，雍正帝尤其多疑敏感，三首诗在表达作者道之向往的同时亦体现其谨慎自持的心态。

综上所述，鄂尔泰诗歌具有情真意切、朴素自热的特色。鄂尔泰是以生活为诗，他将生活中的喜、怒、哀、乐，直接的表达在诗歌作品中，真实地反映生活，故而其诗作中充满真情实感。正如阿桂于《乾隆三十九年杨潮观刻本鄂文端公遗稿序》所言："公之诗，本于性情，发于忠诚，系于朝常国是之大，不必藉诗以自重，而由诗可以见公之真，故其感于人者綦深"。又有沈德潜《清诗别裁集》（中华书局，1975，第322页）中称："文端开藩吴中，以古学造士。今《南邦黎献集》，彬彬如也。掌翰院时，亦以立品董率后进。生平不欲以诗自鸣，而意格自高。”从鄂尔泰诗歌艺术特色看，其诗一切都反映出清代初期满洲士人诗歌的普遍特点，可以说是清代前期满洲士人诗的代表。

鄂尔泰家族另有四人存著述名目。鄂昌，鄂尔泰侄子，太清之父，据《八旗艺文编目》载其著有《塞上吟》，惜今不见传。鄂弼，鄂尔泰第三子，辑有《苏诗抄》。西林清，鄂尔泰曾孙，著有《黑龙江外记》八卷。西林旭，顾太清妹，著有《延青草阁诗草》，《名媛诗话》著录此集，今亦不见此集。

权贵世家，烈火烹油

鄂尔泰（1677年–1745年），西林觉罗氏，字毅庵，满洲镶蓝旗人。康熙朝举人，任内务府员外郎，与田文镜、李卫并为雍正帝心腹。鄂尔泰先人投归清太祖，为世管佐领。祖父图彦突官户部郎中，父亲鄂拜为国子祭酒。

鄂尔泰六岁入学，攻读四书五经，八岁开始作文，练习书法，十六岁应童子试，次年中秀才，十九岁补廪膳生，二十岁中举，即进入仕途。二十一岁袭佐领世职，充任侍卫，此后一直活跃在官场。

鄂尔泰进入官场，长达十几年的时间都在担任世袭佐领和三等侍卫等闲散职，一直默默无闻。直到康熙五十五年（1716）的某天，皇帝亲试翰林，他乘值巡之便，将自撰的一卷诗文附入进呈。康熙帝读了很是欣赏，命他此后不须带刀做侍卫了，改以文员，不久遂补内务府任慎刑司员外郎。慎刑司的职责是掌管审拟上三旗的刑狱案件。鄂尔泰因为执法严格，虽王侯公主之家，有过必惩，有善必显，一切按大清律办事，威武不能夺，权势不能摇，受到朝野好评。

可是在内务府任职数年间又淹滞不进，这时他很为自己的官场不利而烦恼。康熙六十年（1721）元旦，正值四十二岁，他作诗自叹："揽镜人将老，开门草未生。"又在《咏怀》诗中吟道："看来四十犹如此，便到百年已可知。"他对自己的前途很悲观，绝没有想到后来能出将入相。

虽然官场失利，鄂尔泰却并未因外界生活影响他对读书求知的兴趣。他在内廷时期，出入时怀中经常携带古文、各一册，内容"上至周、秦、汉、魏，以迄晋、唐、宋、元，有明载籍，无不穷究，要其指归，总以程朱为目的"。正所谓厚积薄发，这段锲而不舍的读书生活对鄂尔泰之后在雍乾朝的重臣地位至关重要，正如他所言："生平得力，全在禁廷直宿时。"

鄂尔泰在康熙末年与田文镜、李卫并为雍亲王（雍正帝）心腹。据说起因是他在内务府时的一件事。当时，雍正为雍亲王（皇四子）。一次，他要鄂尔泰办一件事，鄂却说："皇子宜毓德春华，不可交接外臣"，拒不承应。那是个特殊的年代，皇子之间的残酷倾轧，令康熙帝不得不对皇子们施以严密的监控，同时也严防朝臣围绕皇子营私结党。鄂尔泰为什么会拒绝雍正，料想是出于避祸的本能。有意思的是，雍正就此记住了鄂尔泰，认为他是不徇私情、刚正不阿的好官。是故，当雍正帝即位之后，召见他："汝以郎官之微，而敢上拒皇子，其守法甚坚，今汝为大臣”。从此得到重用。鄂尔泰很快就被提拔为江苏布政使，三年后又升任云贵总督。而也就是在云贵地区的事迹，彻底奠定了鄂尔泰在清朝历史的地位。

在云贵总督任上，鄂尔泰积极推行改土归流政策，对统一的多民族国家的发展和西南边疆的巩固，起了一定的作用。五年（1727），奉命修《八旗通志》初集，凡250卷。雍正时期尝任云贵总督，兼辖广西，在云南积极推行改土归流，雍正四年（1726）上疏“云贵大患，无如苗蛮，欲安民，必制夷，欲制夷，必改土归流”，七年设官府，置流官，驻军队，巩固了西南边疆。与田文镜、李卫并称为"模范总督"。十年（1737）二月，以功授保和殿大学士，居首辅地位，充经筵讲官，国史、实录、明史三馆总裁，兼兵部尚书，理军机事务，封一等伯。同年六月，督巡陕、甘，经略军务，征讨准噶尔部。十三年，雍正崩于深夜，鄂尔泰适巧为值班军机大臣，最先探视雍正遗体并安排入殓，且受遗旨与张廷玉辅政，成为顾命大臣。

乾隆初任总理事务，历任军机大臣、领侍卫内大臣、议政大臣、经筵讲官，管翰林院掌院事，加至太保。乾隆七年（1742年），谕令大学士鄂尔泰、张廷玉纂修《国朝宫史》。乾隆十年（1745年）以病解职。同年三月乾隆亲往鄂尔泰住所视疾，加为太傅，国史馆、三礼馆、玉牒馆总裁，赐号襄勤伯。不久病卒，命遵遗诏配享太庙，并祀贤良祠，赐祭葬，谥文端。乾隆十年（1745年）病逝，享年六十六岁。谥文端，配享太庙，入祀京师贤良祠。鄂尔泰著有《西林遗稿》。雍正帝编著的《朱批谕旨》，收有《鄂尔泰奏折》，汇集了他在云贵广西总督任上的奏疏。

鄂尔泰政治生涯中最值得注意的是他在西南推行“改土归流”。何为“改土归流”，就是取消土司的建制和特权，在土司管辖的地方，建立府、县机构，由朝廷委派有一定任期的官员管理，统一朝廷的政令。为何要实行这项政策？这要从当时清朝的边疆形势说起。

清朝在安定东北边疆、巩固内地的统治后，开始注重西南边疆的治理与整顿。

从元朝开始，在西南地区的四川、云南、贵州及广西、湖南、湖北少数民族地区，实行土司制度。即在少数民族生活的地区，建立土司，任命少数民族的上层人物为土知府、土知州，管理原地区。土官有许多特权，职位世袭不变，朝廷不加干涉，不受府县流官（朝廷任命，任期有限的官员）管辖。土司只象征性地向朝廷缴纳一点钱粮，有的土司一点也不承担.土司有自己的武装、监狱，按自己的习惯管理民众。

开始时，土司制度起到过一些安定边疆的作用。但到后来，土司的权势越来越大，管理区内，土司头目作威作福，残暴统治所属的民众，任意征收赋税.土司之间，时常为争抢财物、地盘械斗。对朝廷，则经常违抗政令，甚至叛乱，骚扰周边府县，抢掠财物甚至抢掠汉民为奴隶。与邻国接境的土司，还勾结外国势力侵犯内地，造成边疆的不安定.明朝时，就已经感到土司制度的弊害，有过改土归流的政治措施.但由于明朝后期，先后忙于剿灭倭寇，抵抗后金的进攻，对付李自成、张献忠的农民起义军，没有能力推行下去。

清朝统治安定之后，这个问题又一天天突出起来.雍正四年，时任云南巡抚兼总督云贵事务的鄂尔泰向朝廷上了一本奏疏，建议立即在西南地区全面推行改土归流的政策。

鄂尔泰认为，现实存在几个严重问题。第一是对一些土司行政管辖的区划不合理，不能及时制止土司头目的骚乱。如乌蒙（今云南昭通）、镇雄（今云南镇雄）、东川（今云南东川）三土司，归属四川省，但东川距云南昆明近于四川成都。一次，乌蒙土司攻击东川土司，云南军队及时出动，击退了乌蒙兵，四川调动军队的命令才送到，差一点误了事。第二是土司对属下民众的统治很残暴。乌蒙土司每年向朝廷缴纳的赋税银两不过三百多两，但头目向百。姓征收的银两，超过这个数字的一百倍。土司家娶媳妇，百姓家三年不敢结婚。百姓被土司杀死，他的亲属还要替他缴纳几十两银子的“垫刀钱”。土司统治下的民众过着暗无天日的生活。第三是土司之间没完没了的械斗，守边的将士管不过来，相互推诿，影响边疆安定。第四是云南边境一带的土司，多与外国接壤，一有事情，就连通外国。

鄂尔泰建议，首先是调整西南几省边境的行政区划，便于政治和军事的统一管理。接着，应该立即推行改土归流的政策。

雍正读到他的奏章，非常赞同，就批准在西南地区对土司实行改土归流，并正式委任鄂尔泰为云、贵总督，全权处理改土归流事务。

实际施行改土归流时，鄂尔泰主张让土司主动交出土地、印信，尽量采取和平招抚的方法；但又要辅以武力征剿。凡抗拒改革，甚至发动叛乱的，坚决用兵剿灭，但又不一味凭借武力。凡本人主动献出土地与印信的土司，给予优待和赏赐，还授给新官职和土地。对抗拒的，就没收财产，并将本人和家属迁徙到内地省份，另给田地房屋，安排生活. 他的这些措施上报给雍正，全都得到批准。

当年农历五月，鄂尔泰首先平定了贵州长寨土司的叛乱，设立长寨厅（今贵州长顺）。不久，又将乌蒙、镇雄、东川三土府划归云南管辖。乌蒙土知府禄万钟、镇雄土知府陇庆侯不肯改革，发动叛乱，鄂尔泰果断派兵摧毁了叛乱势力，将乌蒙土司改设乌蒙府（后改称昭通府，今云南昭通）；镇雄土司改设镇雄州。广西泗城土知府岑映宸也被革去职务，将所属南盘江以北地区设置为永丰州（今贵州贞丰布依族苗族自治县），划归贵州。

大势所趋，湖南、湖北、四川势力较弱的土司，纷纷主动将土地、印信交出，改土归流政策推行得比较顺利。雍正对鄂尔泰的办事能力很欣赏，又委任他为云南、贵州、广西三省总督。

将土司改设府县后，朝廷在这些地区添设了军事机构，接着清查户口，丈量土地，建筑城池、设立学校。原来土司的征收制度被废除，改按地亩征税，数额一般少于内地，民众的负担有较大的减轻，经济文化得到发展，边疆地区不安定的因素减少，多民族国家的统一得到巩固。雍正九年，时为云南、贵州、广西三省总督的鄂尔泰功成回京，临行前将自己所藏的《古今图书集成》、《太平御览》等书籍两万余卷，留存昆明五华书院，他说："与我家子孙读，何如与万户子孙读也。"

鄂尔泰是一位政治家，也是雍正的知心大臣，常与雍正谈论用人之道，强调去庸重才，用有才之人，不用贤而无才之人。鄂尔泰在雍正四年8月6日的奏折中，强调用人要得当，云："政有缓急难易，人有强柔短长，用违其才，虽能者亦难以自效，虽贤者抑或致误公；用当其可，即中人亦可以有为，即小人亦每能济事。因才、因地、因事、因时，必官无弃人，斯政无废事。"雍正在该奏折中朱批："凡有才具之人，当惜之，教之。……庸碌安分，洁己沽名之人，驾御虽然省力，唯恐误事。但用才情之人，要费心力，方可操纵。"鄂尔泰又说："大事不可糊涂，小事不可不糊涂，若小事不糊涂，则大事必至糊涂也。""忠厚老诚而略无才具者，可信而不可用，聪明才智而动出范围者，可用而不可信。……但能济事，俱属可用，虽小人亦当惜之，教之。但不能济事，俱属无用，即善人亦当移之。"

他强调用人一定要得当，什么职务，什么差事，用什么样的人，人、职相当，就能发挥人的才能，该办的事情就能办好。他认为任用官员要人才与职务相适合，最终目的是要把事情办好——"政无废事"，就能把国家治理好，这是他考虑用人问题的出发点。他在改土归流中，提拔重用了哈元生、张广泗等人，使他们成为推行改土归流的重要人物。鄂尔泰基于他对属员的了解，提拔了一批人，也参劾了一些人，基本上做到知人善任。

雍正最欣赏李卫、鄂尔泰、田文镜三人，当面告诉尹继善，谓当学此三人。尹继善奏曰："李卫，臣学其勇，不学其粗；田文镜，臣学其勤，不学其刻；鄂尔泰，宜学处多，然臣亦不学其愎。"雍正不以为忤。曾言："朕有时自信不如信鄂尔泰之专。事无大小，必命鄂尔泰平章以闻。"雍正帝在遗诏中更是说："大学士鄂尔泰志秉忠贞，才优经济，安民察吏，绥靖边疆，洵为不世出之名臣。"对鄂尔泰给以极高评价。以上均可反映出鄂尔泰在雍正帝面前的荣宠与其在雍正心中的位置。

而鄂尔泰也是投桃报李，对雍正帝极为忠心。一个表现就是他违心地助长雍正帝搞祥瑞。雍正帝崇信祥瑞，鄂尔泰则投其所好，每每以报祯祥取悦雍正帝。他频频奏称云贵出现诸如嘉禾、瑞鹤、卿云、醴泉等。雍正六年（1728）十二月鄂尔泰奏报：万寿节那一天，云南四府三县地方，出现"五色卿云，光灿捧日"，次日"绚烂倍常"。雍正七年（1729）闰七月，鄂尔泰又奏报，贵州省思州和古州在一个月内祥云连续七次出现。有的官员不赞成鄂尔泰这样献媚，如，大理县刘知县说，我怎么看不到卿云啊，莫非是眼里迷了沙子？雍正帝很不满意这些说风凉话的官员，他说像鄂尔泰这样的督抚陈奏祥瑞，是出于强烈的爱君之心。雍正帝为支持鄂尔泰，即以卿云之报而给云贵官员普遍加官晋爵，如鄂尔泰由头等轻车都尉授三等男爵，云南提督郝玉麟从云骑尉晋为骑都尉，其他巡抚、提督、总兵各加二级，知县、千总以上俱加一级。可见鄂尔泰报"卿云"不同寻常。鄂尔泰报"卿云"时，曾静投书案发生不久。曾静指责雍正帝是谋父、逼母、弑兄、屠弟的大逆不孝的人，而古来传说，“卿云”现是天子孝的表现，鄂尔泰在报卿云时，特意说是"皇上大孝格天"所致的庥征，歌颂雍正帝是大孝子，道德上没有缺陷。曾静投书案是一场政治斗争，鄂尔泰则以报“卿云”支持雍正帝，希望皇帝取得政治上的主动。这实际是一种政治行动。其实鄂尔泰本人也知道祥瑞之说的荒诞，对奚落他的大理县刘知县不但不记仇，反而嘉许他的公直，向雍正帝推荐他。他不惜毁坏自己的名誉，假造祥瑞，为在政治上支持雍正帝，可见他的忠君之心。

在私德方面，鄂尔泰虽身居高位，但生活简朴，曾多次告诫自己的子女及家属万不可奢侈享受，否则祸必从侈起。他训诫弟弟奢侈一事尤为后人称道。

鄂尔泰的弟弟鄂尔奇从小和哥哥一起长大，但是二人性格、品质却大不相同。鄂尔泰做官之后，一如既往；而鄂尔奇做官之后便开始讲排场，追求享乐。鄂尔泰曾多次告诫弟弟，不可以一时得志而忘乎所以，鄂尔奇出于对哥哥的尊重，总是口头上答应，而行动上并未收敛。

雍正五年，雍正帝提拔鄂尔奇为提督九门步军统领兼兵部尚书。鄂尔泰得知此讯，深感不安。他知道弟弟虽有才，但并不能以国事为重，而步军统领、兵部尚书均为掌握兵权之要职，这样一来，很可能会使鄂尔奇更加忘乎所以，对他的前途是不利的。于是，鄂尔泰面见雍正帝，“力争不可”。

雍正帝笑着说：“卿虑尔弟反耶?”鄂尔泰回答曰：“兵权归一，不可启后世。”雍正帝不以为然，仍坚持己见。其实，他并不了解鄂尔泰的真实想法。鄂尔奇升官之后，果然不出鄂尔泰所料，生活更加腐化。对此，鄂尔泰有所察觉，也有所耳闻。

一次，鄂尔泰退朝之后，路过鄂尔奇家，便想了解一下弟弟的情况。当他走进弟弟的宅院，立刻感到这里豪华过度，心中十分不安。他来到鄂尔奇的书斋，掀开门帘，正要迈进，“见陈设都丽，宾从豪雄”，于是，一怒之下，“不入而去”。

鄂尔奇发现哥哥掀帘不入，立即追了上去，“急诣兄问故”。鄂尔泰站在庭院当中，当着众人的面，严厉斥责说：“汝记我兄弟无屋，居祠堂时耶？今甫得志，而侈陈若此！吾知祸不旋踵矣。”鄂尔奇听罢，痛哭不已，并跪在鄂尔泰面前，请求宽恕。看到弟弟有悔改的愿望，鄂尔泰才算作罢。

以后，鄂尔奇每当听说哥哥要来，总要先将珍宝收藏起来才敢相见。然而，他并没有真正听进哥哥的告诫，虽然一时骗过了哥哥，但还是在雍正十一年（1733 年）因贪赃枉法被治罪。

鄂尔泰在世时整个家族都呈上升趋势，本人权倾朝野，家族繁花似锦，如烈火烹油。弟弟鄂尔奇生于康熙二十年，康熙壬辰科进士，后担任工部侍郎、兵部侍郎、户部尚书兼步军统领；侄子鄂昌，官至甘肃巡抚。鄂尔泰的元配夫人瓜尔佳氏夫人早卒。续娶的是大学士兼吏部尚书迈柱的女儿。鄂尔泰与迈夫人感情甚笃，不娶妾，生有六子二女。其中六子分别为鄂容安、鄂实、鄂弼、鄂宁、鄂圻、鄂谟。长子鄂容安，原名容，容安为雍正御赐名，是雍正十一年进士，官至两江总督，娶布政使博尔多之女；次子鄂实，官至副都统、前锋统领，娶大学士高斌之女，高斌即为乾隆慧贤皇贵妃之父；三子鄂弼，历任汉军正红旗副都统、刑部侍郎、山西巡抚、兵部侍郎、陕西巡抚、四川总督。卒谥勤肃，入贤良祠。娶领侍卫内大臣信勇公哈达哈之女，其女是乾隆五子荣亲王永琪的福晋。四子鄂宁，位至云贵总督，娶内大臣海望之女。五子鄂圻，娶庄亲王允禄之女。六子鄂谟，娶其表姐妹，即内阁大学士迈柱之孙女。鄂尔泰与庄亲王允禄、迈柱、哈达哈、高斌、海望等人或家族结成姻亲，形成一个庞大的姻亲关系网络。可以说，这鄂氏一族已经满门都是高官厚禄，权势逼人，何况还有位居一人之下万人之上的首席军机大臣鄂尔泰。然而，在这繁华背后却隐藏着莫大的危机，以致鄂尔泰去世后，大厦倾倒，家道骤衰，也给太清带来了坎坷的命运。

解读顾太清——顾太清的女性意识

在漫长的封建社会中，我国广大妇女的基本人权被剥夺，女性的个体生命价值逐渐被漠视乃至消解，以至成了无个性无主见的男权社会的附属品。这种极度扭曲、极度畸形的女性观激起了历代有识之士的强烈不满与激烈抗争，尤其到了明清之际，随着社会意识形态的发展和人文主义思潮的萌动，这个时期的女性已不甘处于社会结构的弱势地位，她们渴望自我书写，积极争取话语权，展现出了与时代进步相适应的的精神风貌。顾太清就是顺应这个历史潮流的女性词人的杰出代表。她初步萌生的女性意识使她逐步开始关注女性作为独立个体而存在，强调女性的独立人格，要求成为不再悲怨不已的依附品而是有着坚强傲骨的新女性，质疑着男权社会摧残女性身心的陈腐观念，看重女性自身的才情与能力。要求生活空间的扩展和情感交流的默契。她那清晰流畅的生命轨迹、旺盛勃发的生命质感和激越昂扬的时代色彩无不昭示着女性自我生命价值的回归，体现着初步觉醒的女性意识。尽管在时代的条件限制下。那个时期的女性意识还谈不上本质的改变和全面的觉醒，但是也称得上是数百年后女性走向真正解放之路的起点。

顾太清以长达半个多世纪的诗词创作清晰地记录了清代中晚期文化妇女的日常生活及精神面貌，展示了她女性自我意识的觉醒。

作为男权社会的依附而存在的女性，自卑、柔弱，缺乏独立的人格和主观意愿的表达。在这样的社会背景和伦理观念下，女性作品中经常出现一种“薄命红颜”式的愁苦与哀怨，成为了女词人创作的总体风貌和主流情绪。无论是李清照的“凄凄惨惨戚戚”（声声慢），还是柳如是的“花痕月片，愁头恨尾”（踏莎行·寄书），无不表现出女性一种微卑幽闭式的凄冷和孤寂。不同于传统女性闺怨诗词，历尽坎坷的顾太清的幽怨情感并没有一发不可收拾，她的哀愁最终能被自己的积极、明朗的情怀所化解。如她词中所写“侬。淡扫花枝待好风。瑶台种，不作可怜红。”（苍梧谣·正月三日自题墨牡丹扇）。这是太清在男权统治下对自己的人格和才华作出的自我肯定，是不甘受男性驱使奴役的宣言。她将自己比作“瑶台种”的牡丹，坚决不做男权社会的“可怜虫”。虽怀抱无尽的辛酸和伤感，但更多表现出更多的是一种不向逆境低头沉浮的傲骨，寄寓着自己不与流俗合污的襟抱、坚持节操的骨气和雅尚清真的意趣。正如夏纬明所言：清代闺秀词中不少佳作，然往往失之纤弱，像太清这样笔端豪迈而以气格胜者，实不多见。

顾太清对情感在女性生命意义中价值的充分肯定，是女性发现自我的进步体现。她笔下塑造的“色”、“才”、“情”兼具的女性人物形象和对身边闺阁诗人才情的赏识，对把女性禁锢在闺阁和“女子无才便是德”的封建男权文化具有一定的冲击作用。

太清对男女之间婚恋关系的审视表现出鲜明的女性自主色彩。

一方面，太清通过诗词吟咏对传奇女子的自主婚姻的大加赞赏，表现出她对女子基本人性的回归和个体生命价值的高度认同。其《沁园春·题<茂陵弦传奇>》充分肯定了青年男女渴望爱与被爱的合理性。

孑然一身，四海倦游，多病多情。正锦城春色，都亭逆旅，江山历历，花柳荣荣。

有女怀春，文君新寡，法曲当筵一再行。琴心挑，托求凰有凤，暗里人听。

风流不避浮名。竟相就、同谐百岁盟。便当街涤器，当炉卖酒，胸襟洒落，词赋纵横。

文赚千金，名传千古，封禅遗书孰与更。回首处，剩琴台日暮，芳草青青。

“有女怀春，文君新寡”，司马相如“法曲当筵一再行。琴心挑，托求凰有凤，暗里人听”，两情相悦的他们“风流不避浮名。竟相就，同谐百岁盟”，表达了对有情人终成眷属的美好祝愿，完全无视孟子“不待父母之命，媒妁之言，钻穴隙相窥，蝓墙相从，则父母国人皆贱之”的说教，热情称赞他们是“胸襟洒落”。

《金缕曲·红拂》则以夸赞的语气肯定了红拂女追求自主婚姻的传奇行为是“快人心、天人合发，英雄侠女”。

世事多奇遇。快人心、天人合发，英雄侠女。阅世竟无如公者，决定终身出处。特特问、君家寓所。逆旅相依堪寄托，好夫妻、端合黄金铸。女萝草，附松树。

尸居余气何须惧。问隋家、驱鱼祭獭，为谁辛苦。况是荒荒天下乱，仙李盘根结固。更无奈、杨花自舞。悔不当初从嫁与，岂留连、一妓凭君取。远人也，越公素。

这首词把历史史实与词人爱情观都表达得清清楚楚，对红拂初时遭遇的同情，对她远见 卓识的肯定，对她勇敢追求爱情的歌颂，赞扬她和李靖有胆有识的美好姻缘。

红拂女初见李靖，就被他的英雄气度所折服，“阅世竞无如公者，决定终身出处”，字里行间体现着对红拂超常的识鉴能力和敢作敢为的赞赏，更是对女性基本人性回归的高度认同。而“特特问、君家寓所”体现出红拂慎重缜密处事作风，“逆旅相依堪寄托，好夫妻、端合黄金铸”则展现了女子为情而动的践行品格。卓文君、红拂等大胆追求自主婚姻的行为充分体现了女子对自我生命价值的体认，昭示着女性自主意识的回归，有力地冲击了“女子既无决断力也无恒性”的虚妄论断。

生活在封建王朝由盛及衰的时代，中国文人的价值观念也在发生着一些变化，时代对女性的个人发展提出了更高的要求。她们已经有了挑战并试图打破男权至上规则的愿望，太清的诗词创作中也透露了对男权社会旧风俗旧枷锁予以质疑的态度，表现了新女性大胆追求人格解放和精神自由的要求，充满了女性解放的气息。

当然，太清在肯定女子渴望爱情、追求自主婚姻的同时，也没有忽略客观现实的严酷性，《金缕曲·红绡》描写了在“赫赫威权者。锁金闺、名姝十院，花台月榭”的宅院中，红绡渴望着自由与爱情：“一面菠花云记取，好良期、三五清辉射。花阴底，月光下。”可是，面对“潭潭院宇人皆怕”的深宅大院，她怀着渺茫的希望在“空倚玉箫愁不尽”中备受煎熬，虽然在昆仑奴超人般的帮助下实现了“百年偶，本无价”的人生奇遇，却也揭示出女子追求自由与自主的艰难曲折，体现着太清对现实的清醒认识。另一方面，太清对美满婚姻的讴歌展现着夫妻平等的新型家庭关系。太清对婚姻幸福有着切身的感受和深刻的体认，《天游阁集》堪称太清婚姻幸福、生活美满的实录，与其女性自主意识相一致，太清笔下的夫妻关系是和谐自然的平等关系，相互之间毫无尊卑贵贱之分。“邀明月，酌美酒，共山翁。不妨谈笑，尊前歌舞且从容”（《水调歌头·和周紫芝<竹坡词>》）充分体现了夫妇之间和美与平等。

在太清笔下，既有“挥杯发清兴，弦歌诵诗章”的清雅也有“为乐及良时，光景孰云长”的欢快（《游仙》其一），更有“何时谢尘累，轻举随夫君”（《游仙》其三）的美好憧憬。还通过司马相如与卓文君的美满婚姻抒发她对两情相悦、志同道合夫妻关系的赞美（《沁园春·题<茂陵弦传奇>》）。太清对家庭婚姻关系的生动描绘与客观展现，无疑体现着清代中晚期的社会人文思潮，见证着时代女性意识的新发展。在自主平等的婚姻关系的讴歌中，展示了女性的自主意识。

第二章 坎坷路，半生尝尽苦酸辛

她本是名门后代，书香世家，却不想一朝变作“罪臣之后”，家道的中落，使她从小就遭受了艰苦生活。顾太清多才多艺，她的文学作品影响了后世。虽然坎坷一生，但也才华横溢。

派系争斗，皇帝收利

顾太清的上辈中，官做的最大的是鄂尔泰，太清祖父鄂昌后来的获罪，也和鄂尔泰有一定的关系。

雍正驾崩之前，遗诏庄亲王允禄、果亲王允礼和大学士鄂尔泰、张廷玉四人辅政。允礼于乾隆三年病逝；允禄于次年以谋反被削爵，失去了权势；辅政四大臣就只剩下鄂尔泰和张廷玉二人。

鄂尔泰是满洲镶蓝旗人，当雍正还未即帝位时，曾向鄂尔泰索取财物，遭到拒绝，因而雍正对他格外器重，登基后委以重任，于雍正十年升至首席军机大臣，授保和殿大学士。随着其他地位和权势的上升，一些满洲官僚相继依附鄂尔泰，一部分汉族官僚也投靠在鄂尔泰之下，由此形成了一个政治集团。

张廷玉是大学士张英之子，雍正即位后对他十分赏识，令其教授皇子，擢礼部尚书，不久兼翰林院掌院学士并调户部任职。此后张廷玉又授文渊阁大学士、文华殿大学士、保和殿大学士。雍正八年，设立军机处，由张廷玉负责制定军机处的规章，可见张廷玉在雍正朝备受重用。据说有一次张廷玉生病，雍正得知后十分焦急，对近侍说："朕连日臂痛，汝等知之乎？……大学士张廷玉患病，非朕臂痛而何？"

对于鄂尔泰和张廷玉这两位股肱重臣，雍正给予了极高的待遇，于雍正八年颁布谕旨，赐鄂尔泰和张廷玉死后配享太庙。在封建时代，这显然是皇帝赐给大臣的最高荣誉和奖赏。乾隆即位后，也同样敬重二位老臣，于第二年同封二人三等伯，又在张廷玉七十大寿时御书“调元锡祉”匾额，还亲自撰写对联和诗赠送张廷玉。

雍正和乾隆两位皇帝的恩宠，使鄂尔泰和张廷玉二人无所顾忌，他们开始暗中培植自己的势力，逐渐发展成两大对立的政治集团。清人昭梿就说：“上（指乾隆）之初年，鄂、张二相国秉政，嗜好不齐，门下互相推举，渐至分朋引类，阴为角斗。”

对此，乾隆当然也是明察在心，他后来就说：“朕初年鄂尔泰、张廷玉亦未免故智未忘……乾隆初年，诏廷臣集思广益，至再至三。然诸臣章奏亦不过摭拾浮言，自行其私而已。且彼时事之大者，莫过于鄂尔泰、张廷玉门户之习，初未闻一言及之。”

鄂、张两党势力的膨胀和明争暗斗，对于年轻的乾隆来说，自然不会听之任之，让其无限制发展的。乾隆自登基以来，就发誓“用人之权从不旁落”，因而对私自结党营私的行为十分痛恨，经常以历史上的教训告诫臣下：“明季科目，官官相护，甚至分门植党，偾事误公，恶习牢不可破，乃朕所深恶而痛斥者。”

但是，乾隆对鄂、张两党并没有立即采取措施，而是采取了利用、限制到最后铲除的策略，步步进逼，显示了高超的统治策略。

雍正末年，鄂尔泰首倡在西南“改土归流”，对巩固统一作出了巨大贡献。然而，由于举措不当，引发贵州苗民反抗，使雍正颇为不满，曾下旨切责鄂尔泰，并派出属于张廷玉集团的张照任苗疆大臣，入黔指挥征剿事务。张照挟门户之见，存心报复鄂尔泰，到贵州后搜集了鄂尔泰的各种罪状，向雍正告发，企图推翻“改土归流”政策，恰遇雍正驾崩。

乾隆即位后，继续实行“改土归流”政策，对于张照的提议十分不满。不久，张照平苗失利，朝廷又起用鄂党的张广泗负责西南事务。这时，鄂党占了上风，欲穷治张党，置张照于死地。

乾隆虽然支持鄂尔泰的“改土归流”建议，但对鄂党的打击报复却没有坐视不理。他不希望一派完全压倒另一派，而是要在两大集团之间竭力保持平衡，使他们在一个体制下共处，共同效忠于自己。因此，当鄂尔泰要求处死张照时，乾隆并没有采纳。对此他说：“鄂尔泰欲置伊（即张照）于死地。朕若听此言，张照岂获生全?”

乾隆不仅没有杀张照，相反还命其在武英殿修书处行走，后又任为吏部大臣。乾隆以后回忆此事时说道：“鄂尔泰、张廷玉素不相得，两家亦各有私人……盖（张）照即张（廷玉）欣喜而鄂（尔泰）所恶者，张广泗即鄂所喜而张所恶者。余非不知，既不使一成一败，亦不使两败俱伤，在余心固自有权衡，而鄂与张两皆成就为贤臣，不亦善乎?”

在乾隆看来，对两大政治集团不打击一派扶植一派，也不使两败俱伤，这样既可以利用两派中的优秀人才，而且如果能使鄂尔泰、张廷玉醒悟感化，放弃党争而成为“贤臣”，就是更加美妙的事。这是乾隆心中打的如意算盘，也是他作一代明君的特殊表现。

然而，鄂、张二党及其本人的举动令乾隆大失所望，恼怒之余，他不得不放弃“感化”策略，而采取威严措施打击党争。

乾隆六年，号称“敢于言事”的御史、鄂党成员仲永檀诬告张党集团接受京城富商俞氏贿银，将矛头直指张廷玉及其党羽。对于这次弹劾，乾隆并不相信，经过调查纯系乌有之事，但被牵进此案的提督鄂善却被查确实收受贿银 1000 两，结果被处死，而揭发有功的仲永檀也被擢佥都御史，乾隆还颁谕嘉奖他：“自今以后，居言官之职者，皆当以仲永檀为法，不必畏首畏尾。”

仲永檀尝到弹劾的甜头后，又将矛头对准张照，说张党利用职权泄密：“向来密奏留中事件，外间旋即知之。此必有串通左右，暗为渲泄者。是权要有耳目，朝廷将不复有耳目矣。”这里所说的“权要”就是指张党首领张廷玉。

对于这一指责，乾隆也并不相信，他当即指出：“鄂尔泰慎密之处，不如张廷玉。”言外之意是，张党虽有泄密，但鄂党更甚。

仲永檀弹劾不中，张照立即反击。他探知仲永檀曾将留中密奏的疏稿内容泄露给鄂尔泰之子鄂容安，于是上疏揭发。乾隆闻奏，即命张廷玉协同其他大臣及三位亲王审理此案，结果查实仲永檀、鄂容安二人“往来亲密”，确实有过严重泄密之事。

对此，张照建议扩大调查范围，企图将鄂尔泰也牵扯进来，将鄂党一网打尽。但乾隆深知此时如果铲除鄂党，就没有足以和张党相抗衡的势力，那时张党就会为所欲为，肆行无忌了。因此他决定从宽发落，只将仲永檀下狱（后病死于狱），鄂容安也仅令其退出南书房，不再让其侍奉皇帝，然后又严斥鄂尔泰说：“以仲永檀如此不端之人，而鄂尔泰于朕前屡奏其端正直率，则其党庇之处，已属显然……其不能择门生之贤否而奏荐不实，不能训伊子以谨饬而葛藤未断之处，朕亦不能为之屡宽也。鄂尔泰自思之，朕从前能用汝，今日能宽汝，将来独不能重治之罪乎？”

乾隆十年，鄂尔泰病死，但其势力仍然固结不解。直到乾隆二十年发生胡中藻文字狱，胡为鄂尔泰门生，其诗文中多有悖谬之词，被斩决。此案又牵连鄂尔泰之侄、甘肃巡抚鄂昌，乾隆令鄂昌自尽，至此鄂党才遭到沉重打击。加上鄂尔泰两个儿子又相继在平定准噶尔的战争中阵亡，鄂党势力从此销声匿迹，成为历史。

在打击鄂党的同时，乾隆也加紧了对张党的控制和打击。为了不使张氏家族势力过大，左都御史刘统勋建议不妨效仿康熙朝的做法，“敕下大学士张廷玉，会同吏部衙门，将张姚二姓部册有名者，详悉查明。其同姓不同宗，与远房亲谊不在此例。若系亲房近友，累世密戚，现任之员开列奏闻，自命下之日为始，三年之内，停其升转。”

对于刘统勋的这一建议，乾隆表示赞同。但为了不引起张党的恐慌，乾隆又对张廷玉进行抚慰，开导张廷玉这样做对他有益而无害。

张廷玉在官场几十年，当然知道皇上此举的真正意图，于是他立即上疏请求辞去兼管吏部事务的职务，此后张廷玉又多次以年老乞退。直到乾隆十四年，乾隆才同意张廷玉以原官并带伯爵致仕。

但张廷玉的屡次乞退使乾隆深感不悦，因为在他看来，作为人臣侍奉帝王，应该鞠躬尽瘁死而后已，而张廷玉却为此反复不休，不顾皇恩宠沃，有失朝廷重臣的风度。

果然，张廷玉的这种做法很快被鄂党当作攻击的借口，他们向乾隆进言，称张廷玉没有资格享受死后配享太庙这一朝廷给大臣的最高荣誉。

张廷玉听后，心急如焚，他对这一荣誉看得极重，因为整个清朝自开国以来配享太庙的异姓大臣只有 12 人，而且自己是唯一的汉臣，如果被撤销这一待遇，比让他现在去死还严重。于是他立即去见乾隆，哭咽难抑，竟要求“乞上一言为券”，也就是让乾隆给他写一份保证书。这使乾隆很不高兴，但还是表示不会更改雍正遗诏，让张廷玉放心。

第二天，张廷玉只是让儿子张若澄上朝代谢皇恩，这使乾隆恼怒万分，认为张廷玉请求配享太庙时能亲自来面奏，谢恩时却不见驾，是视皇恩为“分所应得”，当即下旨斥责张廷玉。乾隆这一异常举动使协办大学士、张廷玉的门生汪由敦惊慌不安，暗中派人送信给张廷玉。次日一大早，张廷玉还没有接到圣旨就进朝谢恩。乾隆见张廷玉消息如此灵通，更是怒火难捺，查出果然是由张廷玉推荐的汪由敦走漏的消息，立即削去张廷玉伯爵，虽然仍保留配享太庙，但已经彻底失宠。而给张廷玉通风报信的门生汪由敦，则罢去协办大学士及尚书职，留任办事赎罪。

然而，对于这位已经失宠的老臣，乾隆仍不能放过，他不时寻找各种借口斥责张廷玉，使张廷玉寝食难安，想尽快离开京城这个是非之地，回原籍养老。乾隆十五年，皇长子、定安亲王永璜病死，初祭刚过，张廷玉不顾自己是永璜老师的身份，就急匆匆地向乾隆奏请回乡，乾隆斥责道："试思伊曾侍朕讲读，又曾为定安亲王师傅，而乃漠然无情，一至于此，是尚有人心者乎？"可见对张廷玉的怨恨已达到极端程度。

之后，乾隆命九卿讨论张廷玉是否有资格配享太庙，并定议具奏。九卿大臣看出乾隆的心意，一致认为应罢张廷玉配享太庙，并上奏乾隆。乾隆以此为依据，修改雍正遗诏，也不再记得自己对张廷玉的许诺，罢除了张廷玉死后配享太庙的待遇。乾隆此举一方面显示了专制制度下皇权至高无上的性质，另一方面则彻底打击了张廷玉的势力，使朋党不再成为危及皇权稳定的隐患因素。

同年九月，又有人揭发张廷玉的姻亲朱荃曾涉及吕留良案，乾隆降旨罚张廷玉白银15000两，并追缴以前赏赐的各种物品，查抄其在京住宅。而张廷玉的其他党羽如汪由敦等人，也都一一受处罚。当张廷玉于乾隆二十年病逝时，乾隆却做出眷念老臣的姿态，宽恕了张廷玉的罪过，仍令配享太庙。

乾隆这一做法，如果张廷玉死后有知，不知是应该高兴，还是应该悲伤？这实在是专制帝王对臣下所作的恶作剧！

由于朋党挑战到了高高在上的皇帝权威，所以，一直以来，都是历代统治者深感头痛的棘手问题，这在清代也不例外。雍正朝鄂尔泰、张廷玉两大集团的争斗，一直延续到乾隆朝，而且愈演愈烈。最终，在乾隆的精心运作下，终于先后消除了两大集团，平衡了朝中势力，从此以后，再也没有形成较大的朋党势力，有力地维护了集权统治。

名门闺秀，早年坎坷

顾太清出生于北京香山健锐营，幼年时期一直居住在北京，家庭生活贫困艰难。十一岁之后，顾太清流落江南，曾涉足福建、广东，并在杭州和苏州居住过一段时间。太清自幼即跟随父亲游幕四方，眼界、见识均与一般闺阁女子有着天壤之别。她的诗词作品中存有大量回忆过去生活和经历的诗句、词句，可为她早年的生活经历提供佐证。《暗香·谢云姜妹画梅团扇》写大庾岭的梅花："南国，夜月寂。记庾岭五湖，千树堆积。少年历处，卅载相思梦魂忆。"此词作于三十七岁时，上推三十年，太清在七岁前后，就已经到过广东境内。另一首《贺新凉》中写道"一幅新图传陈事"、"粤峤珠江当年景"，说明她确实踏足粤地。也许是因为庾岭产梅，风姿清幽，让太清一见难忘。她对大庾岭的感情很深，"庾岭"一词，常常出现在她日后的诗词里。譬如"庾岭梅花发，何如归去来"；"此时庾岭花深处，破萁东来第几番"等等。

太清幼年曾四处漂泊，在江南侨寓时间很长。她曾与江南的才女们互相唱和，与之密切交往的诗友，大多是杭州人。回到北京后，她曾经写过《江城子·记梦》，记录自己梦回江南的情景。词作先从南京写起“一路清溪双桨破烟划”，清溪是源出钟山的水系，一路前行，到达姑苏；“我欲遍游香雪海”，香雪海是姑苏邓尉山上方圆十里之梅林。太清曾履足浙江的痕迹，则保存在《续读石画诗十八首同夫子作》中。“犹记严江两度游”，流经富阳、桐庐的一段江水称富春江，因为汉代严子陵曾在此垂钓，又名严江。太清此诗，说明她在春、秋两季曾两次泛舟游江。太清对于西湖梅花之喜爱与追忆，在她的诗词作品中俯拾皆是，譬如：“爱孤山踪迹，千树横斜，临碧水，十里湖光冷照。”

太清能够自小受到良好的教育，这与她出身于鄂尔泰大学士的家庭有关。康熙、乾隆以后的满洲贵族们，大都既有高官厚禄，善于骑射，又是满腹才学。他（她）们都长于汉诗，积极汉化，用汉文写诗作词，从康熙、乾隆起成为一种风气。

太清三四岁时起即由祖母教字，六七岁时又为她专请老师教文化。因顾太清是女流，学习不为科考赴试，故专攻诗词歌赋。她自幼不缠足，天资绝美，又有天赋，时作男儿装，填得一手好词。后来，她靠极为深湛的造诣，成为满族第一女词人。其词作直逼“国初第一词人”——纳兰性德，因而在清代素有满洲词人“男有成容若，女有顾太清”之称。

太清青少年居香山，因其叔曾祖鄂尔泰三子鄂弼之女是乾隆第五子荣亲王永琪（1741~1766）的福晋，太清便得以荣王府太福晋内侄女的身份到府中走动。荣王府对太清一家完全是出于亲戚间的照顾。除去姻亲关系外，促成太清与荣王府来往密切，还是因为当时荣王府的格格们欲请一位家庭教师，辅导学习文学并教作诗文。条件是这位教师必须是女的，才能进荣王府内宅；必须有学问，才能胜任。太清从各方面考虑都非常合适，于是荣王府派车到香山接太清这位老亲来担任这个教职。

这个教职，就太清来说，是非常轻松的，因为荣王府的格格们都学有根底，只是由太清辅导读古文和作诗的格律等，另外还有婢女伴读，因为路途遥远便经常住在荣王府中。

荣亲王永琪之孙，荣郡王绵亿（1764~1815）之子奕绘（1799~1838），字子章，初号妙莲居士、幻园居士，晚年号太素道人。奕绘自幼喜爱文学，受业于浙江许秋涛。十六岁袭封贝勒，嫡室赫舍里氏，字妙华，也能诗。不到二十岁时夫妻就曾合著《妙莲华集》。青年时代的奕绘就经常在府邸的花园中与姊妹们共同起诗社吟诗为乐。太清在以姻亲兼家庭教师身份来到荣府居住以后，便也加入了他们的词坛、诗社。时间一久，太清便对奕绘这位风华正茂，才华横溢的贝勒产生了爱慕之心。奕绘也对太清表现了无限倾慕之意。

按清朝当时的规定，奕绘若与太清结合，是根本没有可能的。因为太清是满洲大族西林觉罗氏的族人，不能纳为侍妾；又是曾经传谕八旗知晓的罪人后裔。娶了这种人家的女儿，便有夺爵、得罪的危险。那么什么人才能成为奕绘的侍妾呢？王、公、贝勒、贝子如纳侍妾，只能在本府中各家包衣（满语：仆人）女子中遴选（如宫掖选秀女之制），才符合朝廷规定。

正因这样，经反复思量，便引起奕绘想让太清假冒包衣之女的想法，因而，求援于荣王府老府员顾文星。顾文星是荣郡王在世时最倚重的老府员，能诗善画，办事饶有阅历。听到少主人这个不顾典制的要求，极力婉言劝阻，认为：奕绘这时已袭贝勒，赏戴三眼花翎，并奉派管理正红旗觉罗学事务，需要在朝廷中为人表率，岂能纳罪人之后为侧夫人，而且假冒为府中包衣之女。如这样办，是公然违犯朝廷定制，其后果难于设想，颇有可能断送了奕绘做官的前程，说不定还可能得罪。顾文星的婉言劝阻，实质上是严加拒绝。家中亲友知道后也一致规劝、阻拦，曾使奕绘一度完全绝望。太清也只得含泪返回香山，承受痛苦的离别之情和贫困生活的煎熬。

终于事有转机，顾文星因病去世后，他的儿子二等护卫顾椿龄不敢与奕绘公然对抗，竟答应了他父亲所没答应的少主人的要求。太清遂以顾文星之女呈报宗人府，成为奕绘的侧室。

后来，奕绘回忆这一段经历，曾在题太清居室天游阁的《浣溪沙》中说："此日天游阁里人，当年尝遍苦酸辛，定交犹记甲申春。"甲申，是道光四年，指的是二人结成夫妇之年。这一年奕绘、太清都已 26 岁，从开始相慕、相爱时间已很长，而这期间太清的景况是"当年尝遍苦酸辛"。

即使是顾太清本身，一生中前期题字署名多用"顾春"、"太清春"、"顾太清"，后期即晚年才能直署名"西林春"、"西林太清"，因为道光以后一是时间已远，一是文纲渐弛，对过去的只是文字之案的罪人后裔已不严格要求了。

太清来归之后，因冒"顾"姓包衣之女，故宗人府档案及《爱新觉罗宗谱》中皆著录顾文星之女，其实非也。但顾姓因此事确曾在荣府中腾达，顾文星其子顾椿龄一家倒风光了些年。

太清与奕绘的关系又恰似《红楼梦》中的史湘云与贾宝玉。到清末为止香山一带旗营中有这种传说，其实完全是附会，只不过如清史专家孟森先生所说"此亦当时一荣国府也。"有点相像而已。

家道中落，尝尽辛酸

鄂尔泰家族彻底衰败的的转折点就是乾隆二十年的"胡中藻《坚磨生诗抄》案"。胡中藻，进士出身，曾任翰林院学士及广西学政等职，乾隆十八年，有人将胡所著《坚磨生诗抄》送乾隆处告密，说《诗抄》中有“一世无日月”、“一把心肠论浊清”等句。乾隆大怒，认为这是“悖逆诋讪怨望之词”，日月合写为明字，是胡有意恢复明朝，指斥胡诗：“加浊字放在国号（清）之前，是何心肝?”胡诗中还有“穆王车驾走不停”之句，乾隆又认为是胡讽刺他多次南巡，等等，据此推理，胡的整部诗抄就成为有系统的反清的书。

胡中藻案，是乾隆朝一大文字狱，斯时鄂尔泰已死，但实则仍与鄂尔泰有关。鄂尔泰是雍正朝内阁首辅，深得雍正信任，门生故旧遍天下，乾隆继位后明里大为重用，内里颇为戒惕。乾隆十年鄂尔泰病逝，皇帝赐以哀荣，亲临致祭，封谥号，入祀京师贤良祠，但转过年就开始着手打击鄂尔泰一党。胡中藻是内阁学士，兼侍郎衔，自号“坚磨生”，不但是鄂尔泰门生，而且与鄂昌私交甚好。文字狱，当然是要自无中生一个“莫须有”来。乾隆就从胡中藻诗集《坚磨生诗钞》中找出很多罪证，比如“一世无日月”、“一把心肠论浊清”、“斯文欲被蛮满洲”、“与一世争在丑夷”等，以“龙眼”观之，又是“明”又是“清”还说满洲“蛮夷”，皆属于巧用双关，语带影射，对大清心怀怨恨。更“可恨”的是，胡中藻任广西学政时还出过一道试题，中有“乾三爻不象龙说”七字。乾隆说，“乾封六爻，皆取象于龙”，何况“龙与隆同音”，这不是诋毁寡人年号吗？婶可忍叔不可忍，于是龙颜大怒，将胡中藻斩首示众，鄂尔泰撤出贤良祠，又赐令鄂昌自尽。胡中藻案的实质则是文字狱。中国古代史上文字狱最厉害的就是乾隆时期，此间仅经由皇帝处理的文字大狱就有六七十起之多，其中也涉及满洲大臣。最典型的是处理胡中藻诗案中对鄂尔泰侄子、广西巡抚满洲人鄂昌的惩罚。胡中藻是鄂尔泰的门生，号坚磨生，乾隆六年（1741）进士，官至内阁学士，由于其和鄂党关系深远，故而乾隆选择此人为收整所有参与党羽的突破口。胡中藻于乾隆十五年向皇帝献其所著《坚磨生诗集》，二十年三月突然下了一道上谕，指责胡诗集中多有“悖逆”之词，胡中藻下狱。

乾隆怒道：……诋讪怨望，如胡中藻者，实非人类中所应有。其所刻诗，题曰《坚磨生诗钞》：坚磨出自鲁论，孔子所称磨涅，乃指佛肸而言，胡中藻以此自号，是诚何心！乾隆帝还指出：……又曰一把心肠论浊清，加"浊"字于国号之上，是何肺腑！……这些文字条款数不胜数，甚至提及几年前去世的孝贤皇后，乾隆帝依旧掩盖不住愤怒之情：至如孝贤皇后之丧，乃有并花已觉单无蒂之句……孝贤皇后……正位中宫，母仪天下者，一十三年，然朕亦曷尝令有干与朝政、骄纵外家之事？此诚可对天下后世者。……正所谓欲加之罪何患无辞，文字冤狱本身就是毫无道理，乾隆此举的政治意味颇为明显。《啸亭杂录》中写道：胡阁学中藻为西林得意士，性多狂悖，以张党为寇仇，语多讥刺。上正其罪诛之，盖深恶党援，非以语言文字责也。

胡中藻的《坚磨生诗钞》一文，现在已无从找寻，里面的事实如何，我们也无从知道。不过从乾隆的上谕里，还可以看到所摘的诗句。

乾隆认为大逆不道的，第一件便是那书名，说是："坚磨出自《鲁论》，孔子所称磨涅，乃指佛般而言，胡中藻以此自号，是诚何心!"至于所摘的诗句，即乾隆认为叛逆的理由，也约略加以说明。

（一）“一世无日月”，“又降一世夏秋冬”——乾隆的意思，以为清朝自从定鼎以来，承平熙皞，远过汉唐宋明，而竟谓又降一世，这是没有人心。

（二）“一把心肠论浊清”——把浊字放在国号上。

（三）“天非开清泰”，“斯文欲被蛮”，“相见请看都盎背，谁知生色属裘人”——指其挑拨汉满之见。

（四）“南斗送我南，北斗送我北，南北斗中间，不能一黍阔”，“再泛潇湘朝北海，细看来历是如何”，“□云揭北斗，怒窍生南风”，“暂歇南风竞”——责其两两将南北分提。

（五）“周时穆天子，车马走不停”，“武皇为失倾城色”，“白雪高难和，单辞赞莫加”——因用词用典，和诗题无涉，指其寓意讪谤。

（六）“老佛如今无病病，朝门闻说不开开。”——造谣。

（七）“人间岂是无中气”，“不为游观纵盗骊”，“三才生后生今日”。——词意狂悖。

（八）“天所照临皆日月，地无道里计西东，诸公五岳诸侯渎，一百年来頫首同”，“周王淠被因时迈”。——前者寓山河蒙羞的意思，后者用昭王南征事，意存讪谤。

（九）“亦天之子亦莱衣”，“如今亦是涂山会，玉帛相方十倍多。”——三个亦字，“悖慢已极”。

（十）“青蝇投吴肯容辞”，“那是偏灾今降雨，况如平日佛燃灯。”——前一句讥听信谗言，后两句讥不赈灾祸。

（十一）“并花已觉单无蒂”，“其夫我父属，妻皆母遣之”，“女君君一体，焉得漠然为”——这几首咏孝贤皇后之丧，对于帝后，直斥日其夫其妻，而且君父人之通称，君比父尊，而胡诗以君比父，所以是丧心病狂。

（十二）“得免吾冠是出头”，“一世璞谁完，吾身甑恐破”，“若能自主张，除是脱韁锁”，“一世眩如鸟在鲅”，“虱官我曾惭”，“天方省事应问我”，“世事于今怕捉风”，“琐沙偷射蜮，馋食狼张箕。”——这些都是怨怅之语。

以上所引的诗，是乾隆从胡中藻的《坚磨生诗钞》里摘出来的，也就是胡中藻所以得到杀身之祸的悖逆的证据。当今学者认为胡中藻不但没有什么种族之见，连一点可以令人首肯的讽刺也没有。他的那些诗句，有些是要卖弄才情，故意用几个险韵，僻典，以及和题目不相连涉的词儿；有些则是故作牢骚，好像自己的大才被埋没了似的。至于“斯文欲被蛮”，“谁知生色属裘人”几句，疑心指的是鄂昌，而且还是推崇的意思。

鄂昌，满族人，是已故大臣鄂尔泰的侄子，本书主人公太清的亲祖父。先让我们看看他的生平简历吧。

鄂昌，西林觉罗氏，满洲镶蓝旗人，大学士鄂尔泰从子也。雍正六年，以举人授户部主事。七年，超擢陕西宁夏道。十年，迁甘肃布政使。十一年，署陕西巡抚，旋授四川巡抚。酉阳州土司冉元龄老病，子广烜袭，土民苦其贪暴，鄂昌奏请改土归流。十三年，总督黄廷桂劾鄂昌贪纵，命夺职，以杨馝代之。遣刑部侍郎申珠浑会馝按治，得鄂昌枷毙罪人及受属吏银瓶诸状，命逮下刑部，论杖徒，遇赦免。乾隆元年，令在批本处行走。二年，授直隶口北道，迁甘肃按察使。山西民梁玥等在高台遇盗死，知县伍升堂捕良民锻炼论罪，鄂昌雪其冤，得真盗置之法。巡抚黄廷桂疏陈鄂昌平反状，旨嘉奖。九年，迁广西布政使。十一年，署广西巡抚。疏请以鄂尔泰祀广西名宦，上责其私，不许。十二年，疏自陈举布政使李锡泰自代，上复责其朋比。因命督抚不得举本省藩臬自代，著为例。迭移江苏、四川、甘肃诸省，署甘肃提督、陕甘总督。复移江西巡抚。时传播尚书孙嘉淦疏稿有诬谤语，命诸行省究所从来。鄂昌以坐广饶九南道施廷翰子奕度逮下刑部，鞫无据，雪其枉，召鄂昌诣京师待命。狱定，诛千总卢鲁生。责鄂昌误谳，下刑部，论杖徒，命贷罪，发往军台效力。十九年闰四月，命以甘肃贮官茶发北路军备用，命鄂昌董其事。旋授甘肃巡抚，理军需。

内阁内阁学士胡中藻著坚磨生集，文辞险怪，上指诗中语讪上，坐悖逆诛。中藻故鄂尔泰门人，鄂昌与唱和。上命夺职，逮至京师下狱。大学士九卿会鞫，籍其家，得所著塞上吟，语怨望；又闻鄂容安从军，辄云“奈何奈何”，上责以失满洲踊跃行师旧俗。又得与大学士史贻直书稿，知贻直为其子奕簪请讬，上为罢贻直。谕：“鄂昌负恩党逆，罪当肆市。但尚能知罪，又於贻直请讬状直承无讳，朕得以明正官常，从宽赐自尽。”

（《清史稿·列传第一百二十五》

鄂昌历任广西及甘肃巡抚。因胡曾任广西学政，二人诗文唱和，这在当时是常有的事，乾隆因鄂昌没有及时举报胡中藻而大怒，搜查鄂家，发现鄂的诗《塞上吟》中，称蒙古人为？“胡儿”。乾隆批示：满蒙本属一体，称蒙古人为胡儿，“此与自加诋毁何异？非忘本而何？”定案是：胡中藻斩首，鄂昌赐自尽，鄂尔泰的神位也被抬出贤良祠。乾隆又传谕八旗，应保持满族人骑射尚武传统，不得沾染汉人诗词习俗，玩物丧志，云云。

乾隆发的那道上谕摘录如下：

谕满洲风俗，素以尊君亲上、朴诚忠敬为根本。自骑射之外，一切玩物丧志之事，皆无所渐染。乃近来多效汉人习气，往往稍解章句，即妄为诗歌。动以浮夸相尚，遂致古风日远。语言诞漫，渐成恶习。即如鄂昌身系满洲，世受国恩，乃任广西巡抚时，见胡中藻悖逆诗词，不但不知愤恨，且与之往复唱和，实为丧心之尤。今检其所作《塞上吟》，词句粗陋鄙率，难以言诗。而其背谬之甚者，且至称蒙古为“胡儿”。夫蒙古自我朝先世，即倾心归附，与满洲本属一体。乃目以“胡儿”，此与自加诋毁者何异？非忘本而何？……夫满洲未经读书，素知尊君亲上之大义。即孔门以诗书垂教，亦必先以事君事父为重。若读书徒剽窃浮华，而不知敦本务实之道，岂孔门垂教之本意。况借以诋呵讽刺，居心日就险薄，不更为名教罪人耶？此等弊俗，断不可长。著将此通行传谕八旗，令其务崇敦朴旧规，毋失先民矩矱。倘有托名读书，无知妄作，哆口吟咏，自蹈嚣凌恶习者朕必重治其罪。

乾隆帝查出鄂昌与胡氏唱和的诗篇《塞上吟》中有“奈何奈何”这样的感叹，认为鄂昌破坏了“遇有行师，必踊跃争先”的满洲旧俗，是破坏满族勇敢尚武风气的败类，属于大逆不道之举。在另外一首诗中，乾隆帝发现鄂昌将蒙古称为“胡儿”，就此表现出更加强烈的不满。他认为蒙古与满洲本属一体，既然鄂昌视蒙古为胡儿，那就等于是自加诋毁，把满族也视同胡儿。愤怒的乾隆帝丝毫没有顾及鄂尔泰的任何情面，竟然就此下令让鄂昌自尽。

胡中藻一案牵连多人，影响甚广。胡中藻被处决，鄂昌被赐死，给胡中藻出资刊刻诗稿的张泰开、胡中藻门生石城县令李蕴芳、永宁知县申发祥、大学士史贻直，以及其弟胡中藩、族侄胡论觉、亲戚张绍衡等人都受到牵连。虽最后皇帝“开恩”赦免部分明显与朋党无关人等，但是前鄂党骨干，均受到严厉惩罚：胡中藻“从宽”被斩首抄家、鄂昌“从宽”赐自尽，前鄂党成员大学士史贻直因曾致书鄂昌而被休致、勒令回籍闭门家居。除此以外，皇帝追咎鄂尔泰植党，命将已逝十年之久的鄂尔泰撤出贤良祠。于是，鄂党彻底被清廷粉碎。

从此案最后的结果来看，与其说是一场文字狱，倒不如说是乾隆借机彻底打击朋党残余势力，并起到震慑作用。他的那道上谕给出了充分的阐释：胡中藻系鄂尔泰门生，文辞险怪，人所共知。而鄂尔泰独加赞赏，以致肆无忌惮，悖慢张。且于其侄鄂昌，叙门谊，论杯酒。则鄂尔泰从前标榜之私，适以酿成恶习耳。胡中藻依附师门，甘为鹰犬。其诗中谗舌青蝇，据供实指张廷玉、张照二人。可见其门户之见，牢不可破。对鄂尔泰家定完性后，乾隆把话题转到了他想说的部分：大臣立朝，当以公忠体国为心。若各存意见，则依附之小人，遂至妄为揣摩，群相附和，渐至叛若水火。古来朋党之弊，悉由于此，鄂尔泰为满洲大臣，尤不应蹈此恶习。今伊侄鄂昌，即援引世谊，亲昵标榜，积习蔽锢，所关于世道人心者甚巨。使鄂尔泰此时尚在，必将伊革职，重治其罪，为大官植党者戒！

这当然对鄂党造成了很大打击。但这还不是乾隆帝对于鄂党的最后一击。同样受到胡案牵连的鄂尔泰之子鄂容安和鄂实，在此之后被勒令前往边疆履职。这多少是因为鄂昌几句“奈何”的连累，乾隆皇帝逼迫鄂家子弟找回尚武精神。而这在边境动荡的岁月，无疑等于是让他们送死。果然，就在鄂容安抵达西疆后不久，他就遇到准噶尔部叛变。在一场战斗中，鄂容安和另外一位战将班第被贼兵一路追赶，在耗尽所有气力之后，被迫双双拔剑自刎。鄂实也是在乾隆二十三年（1758 年）战死在叶尔羌城东黑水河畔。除了他们二位之外，鄂尔泰另外一个儿子鄂乐舜曾经因为在浙江任上索贿遭到弹劾和逮捕，乾隆帝丝毫不讲情面，同样给予严厉惩罚，逼迫其自杀。

曾经满门荣贵的鄂家，因为胡中藻一案的牵连，竟然遭到乾隆帝如此严厉的打击，显然与当初鄂党势力过于强盛有着直接的因果联系。乾隆帝一直平衡鄂张两党实力，还不惜借助抬高张党的力量对其进行了有效打压，但还是对满族贵族组成的鄂党保持了足够的戒备之心。但是，当魁首已死，乾隆帝干脆抓住机会来个釜底抽薪式的打击，其实是一直在担心鄂党会在某个时候重新抬头。在威严的乾隆帝面前，无论鄂尔泰和鄂党分子如何强势，终究只是在如来佛祖手心蹦跶的猴子，永远逃不出乾隆帝的手掌心。看到乾隆帝铲除鄂党的意愿如此坚决，鄂党分子纷纷偃旗息鼓，曾经不可一世的百足之虫，也只能就此销声匿迹。

鄂昌死后，家道中落，因此全家迁居北京西山一带。太清的父亲鄂实峰，成为罪人之后，难以容身于京城，遂以漂泊游幕为业。太清 11 岁时，因父母双亡，家庭生活困难，颠沛流落江南，由家在苏州的姑父姑母抚养长大。姑父是个顾姓的汉族文士，在他的影响下，太清从小就接受了诗词的教育，凭着天资慧敏，所作诗词新颖精巧，在江南闽秀文坛中堪称魁首。由于江南青山秀水的滋润，太清生得苗条身段，雪肌滑肤，一双大眼睛水汪汪，两弯柳叶眉淡淡的，虽是旗人血统，但一口纯正的吴侬软语，看上去完全像一个地道的南国佳人。此外她还到过福建、广东、吴中、杭州，自云是“半生尝尽苦酸辛”。

《定风波·恶梦》

事事思量竟有因，半生尝尽苦酸辛。望断雁行无定处，日暮，鹡鸰原上泪沾巾。

欲写愁怀心已醉，憔悴，昏昏不似少年身。恶梦醒来心更怕，窗下，花飞叶落总惊人。

家庭既为文字狱所累，家产籍没，家道中落，那苦处自是不敢明言，仅一句“事事思量竟有因”便揭过了。罪臣之家低人一等的酸楚生活，在她心灵上留下了永久的阴影，以至于成人后还挥之不去，不经意间就折射进梦里。恶梦醒来，抱紧双臂，似乎旧年的恐惧尚未走远，她还是那个敏感胆小的小女孩，窗下花飞叶落，一点小小的动静都让她心惊。

《礼记》云：“兄之齿，雁行。”因大雁飞行有序，如兄弟序齿排列，故把兄弟比作“雁行”或“雁序”。《诗经》有句曰：“鹡鸰在原，兄弟有难。”可知“鹡鸰原”也是用典。太清有兄名鄂少峰，此词借典故暗指，“望断雁行无定处”，其兄大约也是流离失所，日暮途穷之处，潸然泪下之时，是以“鹡鸰原上泪沾巾”。

顾太清既未与父兄在一起，那她身在何处？依傍何人？奕绘有词《浣溪沙·题天游阁》曰：“此日天游阁里人，当年尝遍苦酸辛。定交犹记甲申春。旷劫因缘成眷属，半生词赋损精神。相看俱是梦中身。”可看做是对太清恶梦词的回应，也显示出两人相识相知的轨迹，“定交犹记甲申春”当是明显标志。

解读顾太清——顾太清的入世情怀

随着男女社会分工的不断深化，女性渐渐被推出了社会历史的舞台，终日与针凿女红等家庭作业打交道。可是历史上女子的社会干预意识从来就没有被彻底阻绝过，前有妇好驰骋疆场保家卫国的英雄壮举、许穆夫人慷慨赴国难的义无反顾，后有李清照“沥血投书干记室”(《上枢密使韩肖胄诗二首》) 的社会责任感和使命感及“南渡衣冠少王导，北来消息欠刘琨” (失题) 的现实批判精神。其中无不体现着女性的积极入世情怀和强烈的现实干预意识。只可惜在漫长的封建社会中，如此关注现实的女性少之又少，而且她们往往只能凭借文学手段发抒自己对现实的忧患意识和社会参与意识。顾太清就是这为数不多的女性之一，但她却在诗词创作中反映了清代广大女性积极关注现实的集体群像。尚武的满民族习性和内忧外患的时代格局，使太清产生了强烈的事功倾向。和何出光《木兰祠赛神曲》诗十二首以饱蘸激情的笔墨歌颂了花木兰保家卫国的英雄壮举以及功成不受爵的人格精神。

她欣赏木兰“慢著戎衣效丈夫”“振戈匹马逐群胡” (其一) 的飒爽英姿，更欣赏“美人俊骨英雄志，誓斩单于报捷书” (其五) 的英气勃发，对女性的社会价值予以充分肯定。虽然在当时的历史条件下，太清并没有对女子“效丈夫”的前提作出应有的批判，但对女子参与社会的实际行动给予了高度肯定。《金缕曲·红线》则表达了她对女子“慰君忧，感知酬德，免他征战”的英雄行为和济世精神的激赏。

太清一生历经清王朝由盛到衰，生活阅历极为丰富。虽为满洲贵妇，却时时不忘关注百姓的忧苦。在《二月十日雨同夫子作》一诗中她唱道：“晓起开帘望，东南云势稠。霎时苏地脉，万点解民忧。雨洗花枝润，烟霏柳带柔。即看春意足，细麦秀皇州。”在《夏至日同夫子登天游阁》诗中，又唱道：“至日登楼有所思，连天亢旱奈何斯。……总然殷阁无炎热，更愿谤沱早及时。”字里行间体现了女诗人关注国事民生、忧国忧民的深情。

《南京条约》致使全国上下一片哗然，一场自然界的暴风雨却触动了太清“时浙东方用兵”的时代意绪：

岁次壬寅夏维首，庚子日斜风似吼。
是时亢旱已愆期，触热来访金闺友。
新词妙句共相论，消烦更酌尊中酒，
俄然墨云挟雨飞，奇峰乱掣金蛇走。
一声霹雳震阶庭，匕箸翻盘杯落手。
旋经老妪报仓皇，神龙攫物传万口。
朝阳城楼势嵯峨，中藏灵宝天公取。
我闻此语心咄嗟，辞归不畏泥涂厚。
沿途仰视光烛天，浓烟烈焰冲牛斗。
聚观拥道如堵墙，云云默默互前后。
细思此事何休祥，雷师毋乃职其咎。
盍效昆阳助战争，一为吾皇击群丑。

乌云翻滚，暴雨倾盆，一道道闪电霹雳在阴霾密布的天空中炸响，似乎是天神对侵略者暴虐行径发出的怒吼。在太清看来，这场暴风似乎是“盖效昆阳助战争，一为吾皇击群丑”（《过访少如，座中忽值雷电交作》）的体现，是她为时局所激的昂扬情绪和驱除列强、安我中华的时代精神的形象写照。面对战火不断生民涂炭的残酷现实，太清“逢人便问君乡里，传闻几处干戈止”（《次湘佩寄诗韵》），发抒着“但愿秋霖洗甲兵”的和平愿望以及“更有一言堪慰处，秋田或有几分成”的民生意识，体现着太清直面现实的入世情怀。

第三章

嫁郎君，诗词歌赋伴婚姻

缘分早已是上天安排好的，他们虽历经波折，最终却也终成眷属。锦衣玉食再无生计之苦，与贝勒奕绘流连花前月下，诗词酬唱，深深陶醉；与妙华夫人情同姊妹，和睦相处。

千里姻缘，上天注定

太清之所以改姓为顾，这就牵扯到“幻园居士”奕绘了。奕绘，字子章，号幻园居士。他是清高宗乾隆皇帝的曾孙，祖父是乾隆钟爱的皇五子荣纯亲王永琪，而父亲荣恪郡王绵亿，多才多艺，是宗室中著名的诗人。当时太清家在西山健锐营，距离奕绘所居的府邸不远，而且西林春又是奕绘祖母（荣纯亲王福晋西林觉罗氏）的内侄孙女（永琪福晋西林觉罗氏是鄂尔泰之子鄂弼的女儿），两家经常有往来的机会，儿时同龄的太清和奕绘也得以时常接触。他们在一起互相唱和，彼此爱慕，很像《红楼梦》中宝玉和湘云的关系。后因西林家变故，太清远走江南便十去了联系。

奕绘姓爱新觉罗，是乾隆的曾孙，祖父乃乾隆第五子永琪。永琪封荣亲王，赐第太平湖，是为荣王府。他文武全才，在旗人骑射之能外，娴习满、汉、蒙三种语言，读汉文经史，擅书法、算学，因此而开荣王府良好家风，府里藏书丰富，文化气息浓厚。奕绘在荣王府出生、成长，6岁启蒙，师从名士，12岁能诗，诵六经如同连珠，通满汉文及算学，好《易经》，15岁著《读易心解》一卷，成人后拥有丰富的经学、小学修养及西方科学知识，是清朝宗室中出名的诗人、学者。

按照清朝袭爵制度，除“铁帽子王”世袭罔替外，其他都是每世递降一等，奕绘的父亲绵亿降袭郡王，奕绘则降袭多罗贝勒。奕绘 15 岁娶妻赫舍里氏，名妙华，依礼制亲王、郡王之妻才称“福晋”，对妙华则称“夫人”。妙华夫人长奕绘一岁，用奕绘诗说是“十五十六结婚姻，两愚两小两相亲”，两人感情甚笃，共育两子两女。

顾太清是奕绘的侧室，现身于文字记载之中，正是 26 岁嫁与奕绘的时候。时年，奕绘也 26 岁。

当代学者研究太清和奕绘的社会关系，从中找出了两个连结点。荣亲王永琪的嫡福晋也是西林觉罗氏，为鄂尔泰的孙女、鄂弼的女儿，故而两家本就是亲戚关系——算来奕绘的祖母是太清的堂姑母。太清的父亲鄂实峰娶的是香山富察氏，并置家于香山，与岳家比邻；太清是长女，有妹名旭，字霞仙，嫁与香山富察氏；奕绘有姊，疑似嫁入富察氏家，奕绘曾作诗《病柏四章悼亡姊富察县君》，太清亦有诗为《挽大姑富察县君》（按：按满人规矩，郡王之女称“县主”，贝子之女称“县君”，不知何故奕绘对其姊不称“县主”而称“县君”）——富察氏是又一连结点。有人推测太清曾依附某贵妇人生存，或西林觉罗氏，或香山富察氏，故而认识奕绘。而奕绘家族口头流传的说法是太清曾做过荣王府格格们的家庭教师，太清五世孙、当代学者金启孮的《顾太清与海淀》一书就采用了后一说法，认为奕绘与妙华夫人也曾参与辅导读书作诗，姻缘由此开始。

那年，26 岁的贝勒王奕绘南游来到苏州，散心遣愁。在当地满族文人为他特设的接风宴上见到了正值同样妙龄的顾太清。奕绘是个嗜弄文墨的八旗子弟，生性风流调优，惊讶于数年未见的满族姑娘太清竟然诗词可嘉，而容貌明丽可人，宛若江南姑娘般曼妙，不由得动了心意。老天让他在这里重逢了满身灵气、才貌双全的太清，真是机缘天成！

奕绘在苏州盘桓了一段时间，着意与太清交往，越看越是可心。时间长了，二人产生了爱情，渴望结为夫妻长相厮守。于是奕绘决定纳她为侧福晋，也就是侧王妃。在婚前，奕绘追求太清时，曾写过很多词，并将其编成词集，名为《写春精舍词》，其中有一首《念奴娇》：

十分怜爱，带七分羞涩，三分犹豫。彤管琼琚留信物，难说无凭无据。眼角传言，眉头寄恨，约略花间过。见人佯避，背人携手私语。

谁料苦意甜情，酸离辣别，空负琴心许。十二碧峰何处是，化作彩云飞去。璧返秦庭，珠还合浦，缥缈神仙侣。相思寝寐，梦为蝴蝶相聚。

从词中可看出，他们彼此相慕苦恋，却又不得不分离，这种苦恼久久折磨着太清，在封建时代二十六岁婚事未定。其心境可想而知。其中原因多半是因为她是“罪人之后”的身份。经过多方波折之后，奕绘终于冒着触犯皇家规定的危险，冲破到舆论和家庭的压力，携她一同返回了京城。在宗人府的档册上，伪报随了姑父改姓顾才得以结婚。顾太清得以成为他唯一的侧室夫人。奕绘的正妻去世后，没有再续娶，所以顾太清成了他实际上的妻室。由此可见两人感情之厚笃，太清意志坚定的个性。

若要说顾太清与贝勒王奕绘的姻缘，那可是真的上天早已注定的。从两人的名字来看，一名春，一名绘，妙笔绘佳春，岂不是人生美事？奕绘的字是太素，太素配太清，气韵相宜，正是天作之合。两人结合以后，在城西太平湖畔的王府里，吟风弄月，日夕酬唱，宴请文友，优游林泉，夫妇唱和，生儿育女，过着神仙一般的生活，奕绘把所有的宠爱都集中到了顾太清的身上，生活美满，感情非常和谐。

且看他们两人的诗词集，奕绘时诗集取名为《流水篇》，顾太清的则称《落花集》；奕绘的词稿名《南谷樵唱》，顾太清的则称《东海渔歌》。“流水”对“落花”，“南谷”对“东海”，“樵唱”对“渔歌”。他二人仿佛是一对比翼的双燕，同起同落，同飞同止，真可谓两心相印，心有灵犀了，足见夫妻的伉俪情深。

历经波折，终成眷属

我们知道顾太清嫁与奕绘时已26岁，且其人面目姣好，当不可能晚婚至此。所以，又有人问，太清是否有过婚史？嫁的是谁？在什么状况下与奕绘相爱？家族史里当然是讳莫如深。施蛰存《太清手书词稿》曾引过文廷式的《琴风馀谭》，说太清是“尚书顾八代之曾孙女，初适副贡生某，为鄂文端后人，夫死后复为贝勒奕绘侧室”。今天已知，“顾八代之曾孙女”是谬传，后半句却大致靠谱。更有中山大学教授黄仕忠，依据太清剧作《桃园记》和《梅花引》、奕绘早期诗词以及相关史料，进一步印证了太清“文君新寡”、夫死再嫁，并推论出她与奕绘相恋所经历的波折。

《桃园记》今存于日本东京大学，稿本，大有可能为太清手书，字体清秀俊致。讲的是三月三日蟠桃宴，西池金母的侍女萼绿华和南极长寿星的侍童白鹤童子，两人一见钟情，私定终身。事泄后，萼绿华被罚往桃园灌溉，白鹤童子被罚南海竹林掘笋，俱饱受相思之苦。一年后白鹤童子潜往桃园探望，两人互诉衷肠，“皆因三生石上自种情根，不知五百年前谁栽并蒂”。童子归南海，正遇上观音大士游竹林，询问他为何擅离岗位，童子以真情相告，恳求观音施以援手。菩萨一番点化，演说因果，瑶池金母首肯，准二人“同到世间，择个世族名门，投胎转世，成就良缘，儿女满堂，夫妻偕老”。

《梅花引》主角则是天宫司书仙吏章后素与罗浮梅精，两人二百年前邂逅，订下婚约。章后素误点书籍，被贬人间，罗浮梅精因遇真仙，得受人身，潜隐西山幽谷，以图后会。梦神奉旨引章后素魂魄到幽谷，与罗浮梅精相会，梅精对章后素说：“时尚未到，幽明阻隔，人言可畏。”章后素梦醒后，作《江城梅花引》记此事，适逢友人来访，得知梦中之事，遂撺掇他同往西山寻访。至幽谷，果然见到了梅氏，正是梦中人模样，但因碍于他人，未能通一语。后一日，章后素独自来寻，私会梅氏，得续前缘。光阴荏苒，两人重游初逢之地，遇维摩诘携天女前来度脱。章后素皈依法座随维摩诘而去，梅氏则随天女赴岁寒阆苑管领群芳。

《桃园记》，有太清自题词一首，看得出含自述情事之意：

顾太清笔下的千人石

细谱桃园记。洒桃花、斑斑点点，染成红泪。欲借东风吹不去，难寄相思两字。遍十二、栏干空倚。冰雪肌肤琼瑶想，引情丝、蹙损春山翠。仙家事，也如此。

凌风待月因谁起。总无非、心心相感，情情不已。只为情深深如海，泛出慈航一苇。渡仙女、仙郎双美。记取盟言桃花下，问三生、石上谁安置。合欢斝，莫辞醉。

《梅花引》，两个主角则几乎是太清为自己和奕绘量身定做的。太清字梅仙，生平爱梅，善画梅咏梅，可不就是那梅仙么？奕绘字子章，号太素，据《论语·八佾》“绘事后素”，“章后素”亦是从奕绘而来。

大体可以确定，两剧的确有自传性质，《桃园记》暗寓两人相遇相知到结合的过程，《梅花引》则如续集般由姻缘兼及两人婚后。但写成时间都在奕绘亡故后，故《桃园记》自题词中云“洒桃花、斑斑点点，染成红泪”，并在《梅花引》的结尾处臆想奕绘被维摩诘度了去。

从奕绘这方面，也能细察出一些若隐若现的痕迹。奕绘与太清的婚恋经历了一个非常曲折的过程。奕绘在《生查子·记梦中句》曾记载他们相识的过程，描写的是两人在苏州相识的情景。阖庐城指苏州，寒山秀，应为枫桥寒山寺一带的风光。太清嫁给奕绘之时，已经26岁，“相见十年前，相思十年后”，可推知二人相识在十年之前，太清当时为16岁，正值妙龄。据说太清自幼不缠足，天资绝美，又有天赋，时作男儿装，难怪乎奕绘对她一见钟情：“江月阖庐城，春风恋素手。”情思虽旖旎，境况却不遂人意。他们在相识十年之后方得以结成连理，可见当时受到的阻力相当之大。而在两人已经结为秦晋之好的梦里，相会也是那么的短暂：“梦好合欢才，梦短将离又。惆怅倦游人，梦绕寒山秀。”

奕绘有《写春精舍词》，共93篇，为23岁至27岁之间所作。研究者称，此词集中虽无一首提及太清，也无和太清之作，但太清名西林春，词集名即显示与太清有关。好在今有金启孮著文证实，说并没有“写春精舍”这样一个具体处所，全出于假托，《写春精舍词》即是为西林春写之意。选录其中一些词句细读，“就得一年能一见，也强似、相逢不再”，“人间路杳，天边期近，望断燕南赵北”，“绿颤钗虫，红移绣凤，犹记那人娇小。瘦削身量，容下春愁多少”，“眼角传言，眉头寄恨，约略花间忆。见人佯避，背人携手私语”，闪烁其词，隐晦其事，既是难与人言，也是中有阻隔，正回应了《梅花引》中章后素碍于旁人不能交谈，以及梅氏“时尚未到”“人言可畏”的提醒。《疏影·赋梅花》中，“玲珑竹外传香澹，浑讶道、美人来也。破玉颜、缟袂临窗，莫是文君新寡”，借美人咏梅花也就罢了，“文君新寡”却是来得突兀，难怪被人说有暗指之意。《梦扬州·记庚辰三月病中梦》中云“灵禽命命同生死，两百年，灰冷香温”，与《梅花引》里二百年之约相呼应——是年奕绘22岁，大病卧床两月之久，这病中之梦正道出病根所在；下片又云“嗟水月空花，镜里乾坤。久别暂留，后会三年休论”，似是说两人曾经久别，再度相会又被拆开，前路暗淡，意冷心灰。

据黄仕忠言，奕绘的早期诗集《观古斋妙莲集》，也可与词集互为印证。“有情天不老，相见岁常新”，描绘出相会之喜；“曲欲衷情诉，游难故侣邀”，则见别离之寂寥；“病起吟诗类补亡，抒情纪事费周章。一春久伴卢生枕，两月相亲向栩床”，是病中诗作，与上文病中词作相通。《病后感怀》诗中几句也颇耐琢磨：“衣冠判贵贱，礼乐拘今昔。穿墉雀生角，滕口蝇污壁。”“贵贱”当是指对太清身份的责难，“礼乐”则指对寡妇改嫁的非议，“雀生角”和“蝇污壁”显然是借用《诗经》中的典故，指有人拨弄是非，污白为黑，几至于引起诉讼。

如此，荣王府里，反对者主要是奕绘之母太夫人，反对这桩姻缘的原因大概有以下四点：

一是辈分问题，太清比奕绘高一辈。

二是太清乃罪人之裔，这个比较犯忌。

三是太清新寡，免不得被疑“克夫”，再加上文所谓口角争讼，都会招致嫌恶。

四是宗室王公纳侧室，依祖制只能在本府所属府员包衣家遴选，如同宫掖选秀只能选八旗人家之女一样。西林觉罗氏是满洲大族显宦，并非荣王府包衣，收为侧室于礼不合。

然而，奕绘相思成疾，卧床不起。他贵为荣恪郡王长子，袭爵贝勒爷，赏戴三眼花翎，——这一支自永琪之下由绵亿到奕绘，皆以侧室生子承袭，而绵亿郡王已逝近10年，那一位“瑶池金母”太夫人怎会不像《红楼梦》里贾太君对宝玉那样心肝肉似地疼爱？世上哪有拗得过孩子的母亲呢？结果可想而知。

时为道光四年。“旷劫因缘成眷属”，正因为经了时间的洗礼和世事的磨砺，相知，定交，别离，病苦，辗转反侧，溯洄求索，最终遂愿时的欢喜才格外巨大而强烈。荣王府内，张灯结彩，天游阁里，朱栏画栋，海棠擎树树红烛，芍药拥层层罗帷，奕绘与太清四目对视，不知今夕何夕此身何身，从前曾以梦为真，今日翻疑真为梦，宛然奕绘诗里的情景：“相看俱是梦中身。”

人生总有这样的时刻，前人诗词也写过，“夜阑更秉烛，相对如梦寐”，“今宵剩把银釭照，犹恐相逢是梦中”，千载之间，古今一也。只是老杜的诗太过悲凉，小晏的词有化不开的艳，此情此景惟有身在此中的奕绘的诗配得，朴素，真实，庄正，深沉。他以娶妻的心意娶她，她以他为三生石上唯一的铭刻，缤纷万物在意念中默然消退成黑白，世界只剩下他和她，烛光摇摇，如水波散漾，把眼底眉间君心我心融合成温润美好一生一世也醒不来的梦。

夫唱妇随，诗词作伴

奕绘与顾太清皆非尘世中的俗人，生为皇亲贵戚，他们无需为生计而奔波，又能看穿名利之累，寄情山水诗词间。这样的生活大大影响和推动了顾太清的文学创作。顾太清的词作象雨后的春笋，源源不断地涌出，而且每出一词，都成为京都文人争相传抄的佳作。

顾太清重夫妇情感、精神的智性生活，对此有极高而又丰富的追求，这也成为她词作的重要内容之一。但她有不同于旧传统女性，只是被动从属丈夫没有自我精神的生活。她追求志趣相投、灵犀互通、相知相悦、情智并举的夫妇生活。太清有很高的文学才能，她的女友清代女词人沈善宝说："太清才气横溢，援笔立成"（《名媛诗话》）。

顾太清与奕绘结婚后，两人赋诗唱和，极尽琴瑟和谐之乐。她的诗写得很好，但奕绘更爱写词，常以词来抒发自己的感情，而太清对词不甚熟稔，无法唱和。太清十分不满，便开始刻苦学习，汲取唐宋词的滋养，并练习和宋人词。由于悟性很高，又有奕绘的帮助，加上又有十年的写诗经验，她的进步很快。不久，她不但能与奕绘以词相和，而且她能写出与奕绘同题同调同韵的和词。如《高山流水·南谷清风阁落成》，奕绘的词是：

山楼四面敞清风，俯深林，户牖玲珑。雨后凭栏，直望尽海云东。栏干外、影接垂虹。夕阳转，满壑松涛浩浩，花露濛濛，拥邺侯书架，老我此楼中。

从容。启云窗高朗，微凉夜、秋纬横空。襟袖拂星河，鸡三唱、晓日通红。同志者二三良友，侍立青童。问茫茫宇宙，屈指几豪雄。

顾太清的和词是：

群山万壑引长风，透林皋、晓日玲珑。楼外绿阴深，凭栏指点偏东。浑河水、一线如虹。清凉极，满谷幽禽啼啸，冷雾溟濛，任海天寥阔，飞跃此身中。

云容。看白云苍狗，无心者、变化虚空。细草络危岩，岩花秀媚日承红。清风阁，高凌霄汉，列岫如童。待何年归去，谈笑各争雄。

顾太清的和词格调超逸脱俗，气势峥嵘豪迈，丝毫没有女性的纤弱黏泥。她的词很快超过诗的艺术造诣。

据说太清夫妻俩还经常相携联骑（并马而行）去京西一带游览名胜。每逢此时，顾太清“作内家装，于马上拨铁琵琶，手白如玉，见者咸谓王嫱重生”（《栖霞阁野乘》）。真是风光幸福极了。《鹧鸪天·上巳同夫子游丰台》就是描写二人同游之乐：

南郭同游上巳天，小桥流水碧湾环。海棠婀娜低红袖，杨柳轻盈荡绿烟。

花艳艳，柳翩翩，断魂花柳又春残，夕阳影里双飞蝶，相逐东风下菜田。

词中有淡淡的惜春之情，但更多是对上巳春日充满生机清丽景色的尽情饱览和细细品味。“夕阳影里双飞蝶，相逐东风下菜田”，既实写眼前春景，又暗合他们夫妇相携春游的欢乐，以“菜田”入词，新鲜别致，乡野之趣十足。

奕绘喜文物，工书画，他们每得一件艺术珍品，就共同赏玩，并赋诗写词。太清词作中有不少题画之作，这些题画之作清新活泼，情致盎然。《忆江南·题唐伯虎江南水村五首》之三写道：

江南村，桑柘一村村。万点鸭儿浮远岸，儿家稚子候柴门，风雨近黄昏。

夫妻常常夜读经书，评史论道，互启见解，磨砺思辩。太清在《鹧鸪天》题记中写道：

“冬夜，听夫子论道，不觉漏三商矣，盆中残梅香发，有悟赋此。”

词云：

夜半谈经玉漏迟，生机妙在本无奇。世人莫恋花香好，花到香浓是谢时。

蜂酿蜜，蚕吐丝，功成安得没人知？恒沙有数劫无数，万物皆吾大导师。

在与丈夫的共同读书论道中，太清不断增长睿智见识。丈夫之于她亦师亦友亦情人。太清在夫妇之道上独特的追求，使她摆脱封建时代贵族家庭妇女的狭窄，而具有开明深透的思想见识，这是她的词在格调上具大家气派的深层原因。

在甜蜜生活的滋养下，顾太清的词作如雨后的春笋般，源源不断地涌出，而且每出一词，都成为京都文人争相传抄的佳作。她的词如行云流水，挥洒激荡，颇有大家手笔，试着其中两阕：

《南柯子》

溪谷生凉意，肩舆缓缓游，连林梨枣缀枝头，几处背荫篱挂牵牛。

远岫云初歇，斜阳雨乍收，牧踪樵径细寻求，昨夜骤添溪水绕屯流。

《浪淘沙》

碧瓦指离宫，楼阁玲戍，遥看草色有无中，最是一年春好处，烟柳空濛。

湖水自流东，桥影垂虹，三山秀气为谁钟？武帝旌旗都不见，郁郁蟠龙。

中国的文坛长期由男性统治，女作家可谓凤毛麟角，难计其数的女性被禁在深闺里，无人知晓。明末清初，部分大胆的女子走出闺房，结社吟诗，抒发自己内心丰富的情感。顾太清就是其中的一员，她曾与当时京师的满汉才女结集秋红吟社，联吟诗词，在中国女性文学史留下了一道亮丽的风景。

瑶台种，不作可怜红

宋朝赵明诚、李清照夫妻二人，同好金石书画、诗词酬唱，那种高雅而不乏小情趣的生活，深得奕绘与顾太清推崇，不但有诗词表示赞赏，并且着意效仿。爱是激情，婚姻是琴瑟，善于调弦正柱的手，自然弹得出和谐优美的天长地久。

看两人出游，联袂并辔，大好河山，放怀策马，太清的文字都要飞扬起来了：

《浪淘沙·春日》

同夫子游石堂，回经慈溪，见鸳鸯无数，马上成小令。

花木自成蹊，春与人宜。清流荇藻荡参差。小鸟避人栖不定，飞上杨枝。

归骑踏香泥，山影沉西。鸳鸯冲破碧烟飞。三十六双花样好，同浴清溪。

眼前春光如画，耳边鸟鸣如歌，清流间水草摇曳，山径上落花铺地，夕日移山影，马蹄踏香泥，那三十六双灿若云霞的鸳鸯不像是西山慈溪所有，倒像是从马上快乐无比“巧思惠想”的人儿心底飞出。太美了，以至于后来的记录者对此词颇多形容，不吝夸赞，《清诗玉屑》说太清“于马上抱铁琵琶，宛然王嫱图画”，《栖霞阁野乘》则说是“作内家装，于马上拨铁琵琶，手白如玉，见者咸谓王嫱重生”，视之为满族王昭君。

春游南谷，山溪野渡，杏花东风，太清归来一直难忘，到秋日绘成一巨幅图画，并作词一阕邀奕绘题画：

《燕归梁·自题画杏》

得意东风快马蹄，细草沙堤。几枝丰艳照清溪，垂杨外，小桥西。

写来还恐神难似，肥和瘦，要相宜。明窗下倩君题，聊记取，旧游时。

奕绘为作长歌一首《画杏歌·题太清所作巨幅》，说太清半载苦思，一日图成，喜不自禁地对他说：“今日真不为空度也。”并褒奖此画是：“远胜夭桃韵更秾，比到梅花势尤怒。”

春登香山，游昆明湖，奕绘作《念奴娇·过昆明》，太清作《浪淘沙·登香山望昆明湖》，“最是一年春好处，柳烟空曚”。秋游潭柘寺，“红叶寒烟，飞鸟自来去”，夜宿禅寺，“吟诗对酒缸，松涛深入梦”。游黑龙潭，“指点黑龙潭对面，一痕微绿画眉山”。过灵光寺，“满院苍烟浓蔽日，长藤老桧互交柯”。夜行翠微山麓，“篮舆一径入云深，两两明灯过树林”。骑马上石景山，两人“登高同策马，陟彼寻兰若。竞渡俯长桥，霜华晓未消”。

寒冬未消，他们到天宁寺看唐花。唐花即温室花卉，也称“堂花”，天宁寺的和尚最善于此，来路是“风前野草刚吹绿，雪后残云半作阴”，唐花室内却是“花香染客裾”。待到鲜花应时盛开的季节，太清与奕绘更有得花赏了，法源寺赏海棠，崇效寺赏牡丹，尺五庄赏荷花，三官庙赏桂花……四季轮回，所有的花儿都仿佛为见证人间的美好眷属而来。

不出行的日子，他们披图赏画，“明窗共展高人画，百四十年一叹欷”，为之题诗作词。清恽格的纯没骨体花鸟画，清新明丽，天机灵动，太清叹为“画师心共游鱼乐，片纸能教止念观”。宋李晞古的《秋涉图》，笔意不凡，太清题诗曰：“乱石枯藤积水边，疏林叶净晚秋天。寒滩欲济无舟楫，如此风波不可前。”钱选，唐寅，文征明，黄慎山，王叔明，等等，他们的画都是太清与奕绘共同题咏的对象。

一代文宗、清学者阮元，收藏有不少云南大理石石画，石上自然生成的花纹，构成一幅幅奇丽的图画。奕绘与太清应邀细赏，极为喜爱，题诗多首唱和。其中太清一组石画诗，分别题咏画中四季山景，春山淡冶如笑，夏山苍翠欲滴，秋山明净如妆，冬山惨淡如睡，诗作相当出色：

春山如笑原非笑，绝似红颜欲笑时。
淡冶烟光动游兴，不凉不热最相宜。
犹记严江两度游，一逢三月一深秋。
画中夏景今方见，万壑千岩翠欲流。
嫩凉天气变轻寒，雨霁群峰翠黛宽。
总说如妆犹未似，好山原不为人看。
两岸青山人稳睡，一江寒水雪初消。
画师好手真难得，咫尺图成万里遥。

顾太清还勤奋读画学画，初以彩色描摹春日胜景，后来嫌丹铅艳冶，开始绘水墨花卉，画风飘逸脱俗，奕绘欣然赞赏：“佳林南宜北也宜，卿宜为画我宜诗”；太清画菊，奕绘说“功名劳碌等闲事，水墨萧疏亦大观”；太清画墨牡丹扇，奕绘赞“冲淡精神富贵花，墨香酣扫半开葩”；太清画《梅竹双清图》，两人同题同调各填一阕《意难忘》，太清云“相思难话衷肠”，奕绘和以“同心其臭如兰”，一幅画倒成了他们情深意笃的寄托。

《听雪小照》，则是太清39岁时的真实自画像，又称“听雪图”。画上，月窗，雕栏，太清着月白色敞衣，深蓝色褂，仅袖口显出一点华丽刺绣来，头上饰物也很简单，两把头鬓，插两朵珠花，更衬得她广额瘦脸尖下巴，可能符合那个时代瘦削美的标准吧，以今日眼光去看未必很美。太清居中，身后隐见书案，一灯如豆，背景浅而素，窗下翠竹数簇，梅树枝干虬曲，上部左右各斜探过一枝梅来，花开正盛，淡淡的绯，亦与竹一般挂着白雪，色泽鲜明，却不艳丽，只是淡雅生姿，很合于太清其人其文的气质。

奕绘为这幅画题诗，道是“斯情正堪画，此景良不俗”，深深满足于优游自得的生活，要与太清“归去来山中，对酌春岩绿”。太清自题的是一阕词，记雪夜寒声敲竹，梅梢流玉，屋上作雪声，耳边有诗情，故绘此小像：

《金缕曲·自题听雪小照》

兀对残灯读。听窗前、萧萧一片，寒声敲竹。坐到夜深风更紧，壁暗灯花如菽。觉翠袖、衣单生粟。自起钩帘看夜色，压梅梢万点临流玉。飞雪急，鸣高屋。

乱云黯黯迷空谷。拥苍茫、冰花冷蕊，不分林麓。多少诗情频在耳，花气熏人芳馥。特写入、生绡横幅。岂为平生偏爱雪，为人间留取真眉目。阑干曲，立幽独。

“岂为平生偏爱雪，为人间留取真眉目。”太清使人爱的就是这一种洒然出尘的气质，不悒郁忧愁，不矫情作势，正如那“不作可怜红”的墨牡丹，骨子里自成高格。作为古代女性，这种自我期许显然是智性的，带着超越时代的意义。

夫妻恩爱，伉俪之笃

与前代著名女才子薛涛、李清照、朱淑真等相比，顾太清的人生格局包括爱情婚姻都是相当完美的，夫妻恩爱，儿女双全，性格、志趣、才华等得到了自由发展。

顾太清与奕绘共有子女五人，两人属于慈父慈母型，诗词间屡屡提及儿女，满足与骄傲之情溢于言表，亲情因之成为这对夫妻诗人的一大创作主题，同时也因为他们雅好天然的美学追求，而使亲情呈现出自然、健康、顺应人性的动人特质来，这正是长期受礼教浸染、崇尚伦常端方、难免迂执甚而造作的汉族读书人所缺乏的。

《迎春乐·乙未》

新正四日，看钊儿等采茵陈。

东风近日来多少？早又见、蜂儿了。纸鸢几朵浮天杪，点染出、晴如扫。

暖处有、星星细草。看群儿、缘阶寻绕。采采茵陈芣苢，提个篮儿小。

“新正”是新年正月，天地日新、东风日暖的时节。高空晴朗如扫，浮缀几朵纸鸢，想想那情景真是笔墨如画，而形容又是如此精巧。地上有星星细草，阶边有群儿环绕——是群儿，自不用说那欢呼雀跃活泼泼的热闹了，单是看着一个个采茵陈、采芣苢，娇憨可爱地在天底下奔跑的身影，身为人母者心里的爱就要满满地溢出来了，所以自然生发出一句“提个篮儿小”，童谣般纯净，天然，不事雕琢，唇齿间却似有无尽绵延的音乐美。

生命力是勃兴互发的，自然与人，不同种群的生命与生命之间，一一如是。太清彼时的诗词里，这种勃兴随处可见，即使短短一阕小令，从天时节候到飞虫走兽再到草木植物，也都和谐并生于一派蓬勃气象里。比如：

《风光好·春日》

好风光，渐天长。正月游蜂出蜜房，为人忙。

探春最是沿河好，烟丝袅。谁把柔条染嫩黄，大文章。

人生一世，岁月不居，能寻找到生之快乐并歌之悦之，谁能说这不是“大文章”？天下又有谁不爱这“大文章”呢？身在其中的奕绘当然感受最深。他骑马出游，身后有妻儿随行，他是满心快乐，自得又自足，放言说东晋兰亭集会也好，唐朝长安曲水也罢，他们都比不上今日我奕绘游山“诗卷共娇儿一车”笔行至此，恐怕他还要大笑三声以示快意吧？

快乐的诗人，纯粹的诗人，他是不会爱做官的，别人眼里的权位金钱在他弃之如敝屣。36 岁这年，夫妇俩携子游南峪天台寺，深爱南峪高山流水幽谷鸣禽，说是“笑指他年从葬处，白云堆里是吾乡”。夏，奕绘从户部预支俸禄 10 年，银 27000 两，开始营建大南峪园寝。他亲手绘制蓝图，派专人监督营造，第二年夏又自请解职，想要从此消闲岁月于泉石林木之间。不过，圣恩优渥，后来又特别赏他领用半俸。

以后的日子里，他们多是南谷游乐，诗词创作。奕绘出诗集《明善堂集》，太清诗集便名之《天游阁集》；奕绘出词集《南谷樵唱》，太清便有词集叫《东海渔歌》。乐在其中的夫唱妇随，并不卑微的亦步亦趋，彼此引对方为知已，生命的旷野上叫一声即刻有了回音，也有了温暖、慰藉和应对凡俗事故的勇气，生命也就愈发丰沛了。

顾太清与奕绘伉俪之笃，两人集中互见之。太清自题《道装像》云：“双峰丫髻道家装，回首云山去路长。莫道神仙颜可驻，麻姑两鬓已成霜。”此道光十四年甲午太清三十六岁作也。味诗意疑其颜鬓早衰。冒氏按曰：“像为道士黄云谷画，太素有题词，词云：‘全真装束古衣冠，结双鬟。耐可凌虚归去洞中天。游遍洞天三十六，九万里，阆风寒。荣华儿女眼前欢，暂时宽，无百年。不及芒鞋踏破万山颠。野鹤闲云无挂碍，生与死，不相干。’”盖《临江仙》也。

第二年太清生一子，名载同，在太清为第三子，在奕绘诸子中为行九。载同以正月五曰生，十二月二十二日以痘殇。太清《哭儿》诗云：“同儿未周岁，一旦舍我死。谁谓久能忘，老泪无时已。”此亦非妙年人吐属矣。太素亦有《哭子》诗八绝，中一首云：“文章愿同汝母好，头角不娄诸儿痴。今年冬令大不利，祭友文又哭子诗。”自

注："王伯中先生殁于十一月二十四曰。有祭文一篇见文集。"又有诗中自注："先是自三儿载钦痘殇后，儿女皆倩老潘种花，今春潘翁殁，其子于九月间强与种痘，不出，妄云其子无痘。至腊月初间病，伊文用灶底抽薪法，与克削和解药，盖恐见苗也。至月半病亟，始更俄罗斯秦医名婆尔斐里者，治之以截风油，浴之以芳草，故又迁延七曰乃死"云云。

冒鹤亭《太清遗事诗》云："一夜瑶台起朔风，凋残金锁泪珠红。秦生晚遇潘生死，肠断天家郑小同。"冒诗故楚楚有致，太素之无时不绳太清才美，诗词中恒可觇之。载同之生也，与太清同曰，盖太清生曰亦为正月初五。太素生曰为正月十六。太清本与太素同庚，以生曰论，太清又长于太素十一曰也。太清有《上元后一曰，恭祝夫子四十寿》诗，其前一首即《四十初度》诗，其先后之序固如此。太素之生，在其父荣恪郡王三十六岁时，太素于三十六岁生载同，此亦同之一义。太素《生同儿》诗云："先考三十六，生余颇憾迟。我年三十六，同儿生亦奇。生曰同伊母，生年同我期。祝儿同父母，名同字同之。"当时备见家庭之乐，琴瑟之好。岂意此子旋殇，数年太素亦化去，家难复作，妇姑勃溪，且迫使出邸别居，好景无常，可以慨矣。

解读顾太清——顾太清词的审美艺术

顾太清作为清代杰出的女词人，曾享有“男中成容若，女中太清春”之誉。由于受生活环境客观因素的制约，中国古代女性作家作品的题材内容相比男作家要狭窄单薄许多，然而顾太清抒怀却不局限在自己春愁秋怨的悲欢里，小小诗心，朗朗乾坤。她的纪游诗写出了对尘世荣辱不以为意的脱俗襟怀，写出了山水清音的高怀雅趣，写出了一种淡泊悠远的精神风貌；她的悼亡诗，写出了悲念亡夫的痛楚，写出了悼念闺友的情谊，写出了对恩人知己的感激，写出了对亲人婢女的惋惜，写出了晚年失子夭孙的心酸；她的育儿诗写出了母亲对儿女的疼爱，写出了母亲为儿女别离感伤的真情，写出了母亲为儿女生活筹谋的劳碌，写出了一个伟大的母亲的光辉形象；她的民事诗写出了对黎民百姓的关爱，写出了对国家命运的关注，写出了一个心怀苍生的女性形象；她的题画诗写出了闺阁女性的生活意趣，写出了女性文人的情感世界，写出了一种淡泊高洁的精神境界。

顾太清词集东海渔歌存词三百余首，凡在她生活中发生的事，无论雅事俗事，悲喜哀乐无不操觚挥毫，举凡夫妇唱和之谐、闺阁友情之欢、郊游赏景之快、与儿孙戏耍的天伦之乐，都写入词中，真切地呈现出她日常性心态及其细节。女性词人的日常生活本来就没有什么惊心动魄的大事件，无非是司空见惯的日常琐细闲居生活，然而在太清笔下这一切都贯之以深情、贯之以安闲、贯之以雅趣、贯之以灵性，于是在她的词中最平常的日常生活细节就是最具有生机的诗意境界，充满令人神往之美。太清词写得最多的是她自己的生活感触，其中有时令节序，春花秋月的咏叹，亲朋闺友的聚散,家庭天伦的欢乐等等。大量的作品是属于纪游、咏物和诗词绘画的题咏，表现她生活的哀乐，感情真挚，笔法细腻。大量的抒情词，寄寓着她的人生理想，在太多的坎坷不幸的悲剧命运中，又表现了她坚韧的闺阁个性。顾太清与奕绘伉俪情深，志趣相投。满族女子能骑马，顾太清常常与丈夫并辔联骑，寻访京郊名胜。太清词详细记下了他们夫妇游历的生活细节。

他们日则登高同策马（菩萨蛮登石景山天空寺望浑河），夜则同读于灯下，鹧鸪天词序中写道："冬夜听夫子论道，不觉漏下三矣。盆中残梅香发，有悟赋此。"上阙写道："夜半读经夜漏迟，生机妙在本无奇。世间莫恋花香好，花到香浓是谢时。"描写夫妇两人夜半读经心有所悟的乐趣。奕绘好金石古玩字画收藏，太清将这些写进词里。太清词《风入松·题王明叔听松图》，就是写夫妇二人欣赏元代四大家之一王蒙的听松图，借题画词表现夫妇二人共同的人生价值追求。

顾太清与奕绘结婚后生的长子叫载钊，太清常带着孩子们春游嬉戏。《迎春乐乙未年新正四日，看钊儿等采茵》写到：

东风近日来多少？早又见、蜂儿了。纸鸢几朵浮天杪，点染出、晴如扫。

暖处有、星星细草。看群儿、缘阶寻绕。采采茵，提个篮儿小。

春日里天空湛蓝，万里无云，纸鸢飞翔，地上茸茸细草，蜂蝶飞舞，在这样的意境中，她看着孩子们欢蹦乱跳着寻采草药，这样的日常家庭生活场景在其他女性词中所罕见，充满人间至乐真情。

清代女性已经有相当广泛的社会交际活动，顾太清作为上流社会的贵妇，充分享受了闺阁友情的乐趣。与太清交往最频繁的是许云姜、许云林姐妹，沈湘佩、项屏山、余季瑛、钱伯芳等，她们交往无非是吟诗作画、观花赏景、互赠礼品、弹琴赏乐等等，这些是顾太清词的重要内容。顾太清与许氏姐妹的来往最多，彼此情感最深，写了大量的闺友词:暗香谢云姜妹画梅团扇醉桃源题墨栀团扇寄云姜定风波谢云姜妹赠蜜渍荔枝有感等等。闺阁友谊是顾太清人生的重要精神支柱之一，特别是在丈夫突然病故，家庭遭受含冤之痛时，女友们的关心成为她度过难关的精神力量。

顾太清词将日常生活诗意化的奥秘在于她对生活感觉敏锐，真情感动，在写实中创造诗歌的意境，对日常生活细节诗意的升华点染，将身边日常事物信手拈来凝结为词的意象。

如：《金缕曲·戏述懒》:

晓起临妆懒。觉年来、闲身多病，神思苦短。谁耐宫鬟梳浮渲，管甚胭脂浓淡。更谁问、画眉深浅。辜负描花新样好，度金针、怕引丝丝线。蔷薇露，不须盥。研池积水生苔藓。任窗前、花花叶叶，随风飘卷。开卷难成终卷读，断阕无心重按。又不是、春醪醉晚。瘦比黄花慵似柳，绣罗襦、随意腰围缓。懒之病，最难遣。

顾太清完全从自己身边日常的生活细节说起。词中的意象无非是"胭脂""宝镜芸奁"、"描花新样子"、"蔷薇露"以及砚台、书卷、花草等等,都是女词人闺房日常所见之物,词人信手拈来,通过描写对这一切都全无半点兴致,酣畅淋漓地表现了内心困顿、百无聊赖,因而无精打采的"懒"的精神状态,完全是由一连串密集的日常生活意象所构成。

可见顾太清词创作的日常性纪实特征。将日常生活诗意化、文学创作日常化，从哲学上讲是由于她以审美的心态生活着、存在着。

第四章 斯人去，红颜唱哀歌

令人陶醉的日子过了九年，顾太清甚至都快忘记了世间愁为何物。然而好景不长，令顾太清万万没有想到的是，这种“琴瑟友之”的美满生活竟然突变。贝勒奕绘突然一病不起，离开人世。而她也被卷入了一场改变她后半生的桃色绯闻。

丈夫早殁，一时茫然无措

顾太清嫁给奕绘后，她的生活发生了重大转折。这时的太清，对幸福生活的赞美，成为这一时期顾太清诗词创作的主旋律。

例如，在《鹧鸪天上巳同夫子游丰台》中所写的："花艳艳，柳翩翩，断魂花柳又春残。夕阳影里双飞蝶，相逐东风下菜田。"描绘出了太清与丈夫暮春郊游的情景。

奕绘、顾太清夫妻恩爱情深，互相唱和的诗词之作很多。太清虽为侧室，但奕绘对她从无轻薄之意。有人把他们夫妇与元代名家赵松雪、管仲姬夫妇相比。奕绘正室妙华夫人去世后，奕绘再也没有续娶妻子，而且也没有置妾，身边只有太清一人，顾太清得到专宠，夫妻朝夕相处，两情一心，诗酒唱和。

那种令人陶醉的日子过了 9 年，顾太清甚至都快忘记了世间愁为何物。然而好景有限，天妒良缘。令顾太清万万没有想到的是，这种"琴瑟友之"的美满生活竟然突变。贝勒奕绘突然一病不起，不到一个月时间，年仅 40 岁的奕绘就抛下了爱妻顾太清和年幼的儿女离开人世。

丈夫骤亡，顾太清一时间茫然无措，总觉得这不是真的，也许一觉醒来丈夫就会出现在身边。年幼儿女的哭叫声将她拉回无可更变的现实，她无法逃避，儿女还需要她做依靠。那一段时间，她深居简出，沉默寡言，除了安顿和教育孩子，就坐在书房里重读丈夫留下的诗词，回味那些烟消云散的美好时光。顾太清华年失夫，招来京城文人墨客的不少怜惜和关注，许多名士投诗相慰，可这些都给不了她多大的帮助。

桃色绯闻，有口难辩

道光十八年，也就是顾太清寡居的第二年，她遇到了一件令人啼笑皆非的事。杭州有个风流文人陈文述，继袁枚之后大倡闺秀文学，培养了一批吟诗作对的女弟子。这年，他突发雅兴，出资为埋骨西于湖畔的前代名女小青、菊香、云友等人重修了墓园，在当地引起一阵小小的轰动。为此，他的那帮女弟子们争相题诗赞咏，陈文述准备将这些诗编集起来，刊刻成册，取名《兰因集》。为了抬高《兰因集》的声望，他让自己的儿媳周云林去央托表姐汪允庄，特向大名鼎鼎的闺秀文坛之首顾太清索一首诗，以收入集中，为诗集增色。作为顾太清做姑娘时的闺中密友汪允庄，特地从苏州赶到京城，奉托请顾太清赐诗。

古代所谓才女，分艺妓与闺秀，属于两个截然不同的世界。唐代的鱼玄机、薛涛辈为前者，宋代的李清照、朱淑真辈为后者。明清之交世风开放，前者流行；盛清以还趋于保守，后者复兴。艺妓与闺秀本不通来往，若有，也在艺妓从良之后。闺秀向来不屑结交艺妓，更有不愿自己的诗词被收入选集与艺妓并列而自焚其稿的。太清怎会有如此不洁身自好的行为？太清对这类故作风雅之事根本不屑一顾，江允庄只好悻悻而回。

然而，《兰因集》刊行后，陈文述特意托人送了两本给顾太清，里面竟赫然出现了署名顾太清的《春明新咏》诗一首。顾太清哭笑不得，觉得此事太过荒唐，便回赠了陈文述一首诗：

含沙小技大冷成，野鹜安知澡雪鸿。
绮语永沉黑闇狱，庸夫空望上清宫。
碧城行列休添我，人海从来鄙此公。
任尔乱言成一笑，浮云不碍日头红。

太清本来对好攀附权贵、招徕名媛、渲染韵事佳话的陈文述避之不及。但实在气愤不过，竟然不惜放下贤淑敦厚的颜面，在诗中竭尽讥诮咒骂之能事，将陈文述庸俗鄙劣的神态刻画得活灵活现，足见其交游原则。陈某见诗后气得直翘胡须，可又奈何不得顾大清。事情似乎就这样在轻笑浅骂中过去了，却不想为日后那场灾祸，已就此悄悄埋下种子。

斗转星移，时光如箭。随着时间的推移，丈夫离世的阴影在顾太清心中渐渐淡隐了一些。她又开始恢复了与京中文人雅士的诗词交往，太平湖畔的王府里又重新焕发了活力。

与顾太清交往密切的诗友中，有当时名扬天下的大文豪龚自珍。龚自珍是浙江人，出身于书香世家，才华横溢，著作等身，尤其是他的诗词，灵逸而深峻，深为顾太清欣赏。顾太清最喜龚自珍的“落红不是无情物，化作春泥而护花！”之句，觉得简直可以作为自己此时生活情景的写照，她的辉煌时代已然匆匆而过，现在纵使化为春泥，也可以无怨无悔地栽培自己的儿女。

龚自珍进士及第后被授为内阁中书，后升为宗人府，主要清闲无事。这位江南才子才华无以施展，只好寄托于诗词之中，因而成了顾太清家中的常客。顾太清品性端庄肃洁，虽然是寡居之人，宾客盈门，却坐得端，行得正，以诗词会友，别人没有闲话可说。

然而就在奕绘去世的第二年，一场波澜兴起，最后竟成了顾太清的灭顶之灾。

这年初秋，龚自珍写了一首《已亥杂诗》，像他的其他诗作一样，很快就在京城文人中传抄开来，诗文如下：

空山徒倚倦游身，梦见城西阆苑春。
一骑传笺朱邸晚，临风递与缟衣人。

在诗后还有一句小注："忆宣武门内太平湖之丁香花。"在距贝勒王府不远的地方，有湖名曰太平，湖畔有一片茂密的丁香树，开花时节，清香袭人，龚自珍常留连其间，所以便有了这首诗。诗中提到的"缟衣人"又是何人呢？人们猜测是顾太清，因为她住在"朱邸"王府中，又常着一身白衣裙，与龚自珍是诗友，龚氏写成诗作，递给她品析，本是情理之中的事。

但风波也就是缘此而起。当年受到过顾太清讥讽的杭州文人陈文述这时到了京城，他看到了这首《已亥杂诗》，并没从诗中品出什么意境，却找出了一些微妙的把柄：大家都默认诗中的"缟衣人"是顾太清，而顾大清又名"春"，诗言"梦见城西门苑春"，表面上是梦见丁香花，可心里谁知不是梦会顾太清呢？恰好龚自珍在写了这首《已亥杂诗》后不久，又有一阕记梦的《桂殿秋》词传世，词云：

明月外，净红尘，蓬莱幽谧四无邻；九霄一脉银河水，流过红墙不见人。

惊觉后，月华浓，天风已度五更钟；此生欲问光明殿，知隔朱扃几万重。

“哈！这些不是月夜幽会的写照吗？”陈文述像是发现了什么宝贝似地高兴起来，他将忆丁香花的诗和梦的词妙巧地珠联起来，又稍加注释，就拼制成了龚自珍与顾太清偷情的凿凿铁证。

虽说诗无达诂，不足为凭，但很快有关顾太清与龚自珍的绯闻在京城里流传开了。人们对这一类的消息本是十分热心的，再加上那些无聊文人的煽风点火，原本捕风捉影的事情编造得有滋有味，有凭有据。纵使你龚自珍、顾太清能妙笔生花，就算你有一万张嘴，这种事情也是难以说清。于是流言蜚语、指责叱问一波接一波地向他们袭来，使他们招架乏力。

最后，龚自珍被逼得无安身之处，只好带着一车书，郁郁地离开了京城。道光十九年四月二十三日傍晚，久任京官的龚自珍突然辞职南行，“不携眷属，独雇两车，以一车自载，一车载文集百卷，夷然傲然，愤而离京”。他自谓出走理由是“罡风力大簸春魂”，意思是高空的强劲风力簸荡春魂，使之惊恐不安，借喻仕途凶险。有人说，这其实是掩饰，他逃之夭夭，是因为京城有人要索他的命。龚自珍孤身逃亡江东，路费不足，只好到处蹭饭，好在他文名大，朋友多，还不至于吃闭门羹。其《已亥杂诗》中有句“侥幸故人仍满眼，猖狂乞食过江淮”，即描写这段不堪回首的经历。

龚自珍一走，似乎传闻更成了事实，顾太清有口难辩，不容于奕绘与正室妙华夫人所生的儿子载钧，终于被逐出王府。在西城养马营租了几间破旧的屋子，安置自己和一双可怜的儿女。

分明是，流水高山调

龚自珍丁香花诗所指究竟为何，可以在此一谈。

黄仕忠教授以此诗为主，以龚自珍其他作品为辅，结合顾太清生平的点滴信息，在一些时间点上联系起来，得出结论说，龚自珍确曾与一满族女子相恋，那就是顾太清，并把两人交往时间大大提前，认为太清在嫁给奕绘前就已与龚有私。爱新觉罗氏奕绘一支的后人，学者不少，以金启孮教授为首，坚决捍卫先祖清名，笔墨官司很是激烈。黄教授胜在索隐派内功心法上乘，功力强大，金教授胜在身份特殊，太清五世孙，先天具备独家发言权。

然而，尺有所短寸有所长，索隐派总不免有附会之处，五世孙则免不了讳饰之嫌。

传言都是外证，作品才可内证。从丁香花诗本身来看，其朦胧隐约处，的确容易令人起前一种联想，但诗歌就是诗歌，在缺少实证的情况下选择尊重后一种意见，方是读诗为人应该遵循之道。

“空山徙倚倦游身”，可知地点是游历途中宿于某山。“梦见城西阆苑春”，大抵是在怀念天子脚下皇城福地，阆苑乃神仙所居处，“城西”

有所指向，太清正是居于城西，“春”的嫌疑更大，被指暗合太清之名，奕绘《写春精舍词》的“春”指太清，那这里就难说了。“一骑传笺朱邸晚，临风递与缟衣人”，“朱邸”有嫌疑，“缟衣人”更是引起多重解读，还有学者从诗经毛传及服饰制度、用典等方面寻究，但只就诗意而言，书笺传递，更近乎诗词唱和之类。如孟森先生所言，“内眷往来，事无足怪；一骑传笺，公然投赠，无可嫌疑”。

的确，顾太清后半生的交友、结社、诗词酬酢，算得是京城一桩著名的风雅事。由太清结交的一批杭州籍女诗人来看，她和龚自珍之妹及续娶之妻都可能有所联系，但今所能见的资料中全然没有与龚自珍本人唱和之作。再由她对自命风流的陈文述的态度来看，对那些喜爱结交名媛、渲染韵事的才子之类，她保持一种半带戒备的厌弃心理。故而，龚自珍这首诗可视为怀念京城一种风雅生活，又或者怀念风雅生活里的某些人，即使把其中的模糊成分推至极点，加上小注“忆宣武门内太平湖之丁香花”，也顶多只能说是龚自珍多情诗人的一个白日梦而已，空怀思慕，无有回应。

顾太清交游甚广，传世作品中也有与异性唱和的，但仅限于阮元、载铨、潘世恩、许乃普等达官名流，且极注意分寸，持重庄正，语词所涉皆不出日常社交范围，不沾染男女私情。后期与太清交往较多的是定郡王载铨，他是奕绘族侄，善古琴，性情率真疏狂，自谓“平生无所竞，诗酒自相亲”，与太清的格调很是相谐，两人彼此过访，互赠彤管、茶瓯等雅物，有诸多诗词酬唱。

在与同性交往方面，因为无需避忌，太清就显得自由洒脱起来。不但结交了一批女才子，而且有意地结成诗社，举行社日聚会，饮酒赏花，听琴谈画，结伴到郊外游玩，访古探幽，相与吟诗填词，书信往来，“一骑传笺”正是常有之事。

人的一生，如蚁虫的一生，行行复行行，但其实总在一定的轨迹和范围内打转转，与谁相遇，与谁对面不相识，又与谁相知到灵魂层面，真的是只能用缘分来解释了。这一群女才子中，最先和太清的人生轨迹碰撞交会的恰是陈文述的女弟子，并由此交叉点延伸扩散，成为一个覆盖太清后半生的交游关系网，或者说是支撑她后半生乐趣的一个好友群。

早在道光十五年四月，37 岁的太清与奕绘一同到法源寺赏海棠，邂逅许云姜、石珊枝、李纫兰。云姜的父亲是兵部主事、学者、《鉴止水斋文集》的作者许宗彦，母亲梁楚生乃弹词《再生缘》的续作者，晚年称古春轩老人，亲授培育出两女及甥女汪端等才女；石珊枝是按察使、独学老人石蕴玉的女儿；李纫兰是户部给事中钱仪吉之子妇。三人均出自江南名门望族，工诗文，擅丹青，风神气质不同于寻常女子，太清与她们一见如故，即刻作诗相赠，诗中自道“题诗寄同好”，三人也纷纷和诗回赠。

在女人被拘囿于家宅之内交往圈子相对狭窄单一的时代，女人之间，尤其是被诗书赋予敏感灵性的知识女性之间，对于同道者的渴求与认同，其迫切心理远甚于男性，而一旦气息相投，投注的热情与精力也远甚于男性，并且非关名利地位。此后太清与云姜等往来频繁，短期内不断地相互赠诗、送画、馈赠礼品，友情发展得迅速而热烈。

云姜自画墨梅团扇题诗赠与太清，太清收到即填词答谢，并画折枝红梅回赠，说“感我云姜何以报，墨梅投我报红梅”。

云姜见到太清家壁上挂有四幅钱野堂山水画，便写诗索画，话说得有趣：“一夕暌违画里人，相思何日得相亲？怪来宜有堂中物，望尔通神竟不神。”太清马上取下画，全数赠给云姜，并和诗说：

莫漫相思画里人，画中人与画中亲。

青山四幅乘风去，画不通神诗有神。

更有趣的是，李纫兰在云姜家见到这四幅画，也特别喜爱，悉数移走，云姜再告之太清，奈何云云，太清戏言“钱家书画总如神”，又拿出一轴钱野堂的紫薇水月图赠给云姜，并“倒押前韵成诗五首”。这样的知己相酬慷慨重情，比之于于男性世界的高山流水解袍赠衣也毫不逊色。

以此为契机，太清又结识了云姜之姊许云林，钱塘才女，同时又是许氏媳妇的项屏山，以及名载史册的大清女才子吴藻、沈善宝等，并与梁楚生等前辈女才子诗书往还。太清自画菊花寄赠梁楚生并题诗，梁楚生则送她用竹根雕成的仙槎。许云林用夜来香穿成鹦鹉，以白茉莉为架，梁楚生倡议咏夜来香鹦鹉诗，不但在宅中聚会吟咏，且寄信同好以征咏，吴藻、沈善宝、奕绘、太清等人传世的集子中都存有和诗。也正是这些女性朋友，在奕绘去世后陪伴和安慰太清，帮助她度过那一段艰难的岁月，并持续温暖着她此后的人生。太清移居王府外的第一年，悲恸与冤屈自不必说，对流言的伤害有口难言，生计之艰难也难与人言，到了岁暮“门庭无客至”，世态炎凉更让她默然伤怀，这时候项屏山的丈夫尚书许滇生送来了银鱼、螃蟹等年货，雪中送炭的情义令太清感激不尽。朋友们的日常馈赠也体贴细致，情绪低落时有朋友送鲜花来，寂寞无聊时有朋友寄诗词来，有讨画的，讨扇的，讨要题词的，还有派苍头给太清送来养猪饲料的，一一都在太清传世的文字中留下印迹。今人开卷抚读之，眼珠一错也就过去了，却不知当日这些大大小小的记叙给了太清多大的慰藉，几乎算得是失去奕绘后对儿女负起养育之责外支撑太清的又一股力量了。

到道光十九年，太清寡居的第二年，秋日的京城里，以太清为中心，几位女诗人及几个朋友共同结成了“秋红吟社”，后又有北京的满清女子富察蕊仙、栋阿武庄、栋阿少如等加入。她们像男性一样不定期举行聚会，太清、云姜能作画，云林、屏山善鼓琴，富察、栋阿等喜饮酒、诵诗，皆是异于俗流之辈，大家琴棋书画共赏，社中课题同作，或觞酒赋诗，或寻访古迹，也曾如袁枚随园的《湖楼请业图》、陈文述的《金钗问字图》一般，将闺友雅集绘成《闺七夕联吟图》并题诗词。不同的是，袁枚与陈文述两图，皆是标榜男性为女弟子授业，而非出自女性自觉自主的行为，意义自然不可相提并论。若论红楼梦中惜春自绘大观园，那一众美丽女子的红楼群芳图，庶几可近之。

沈善宝的《名媛诗话》中记下了这一盛事：“己亥秋日，余与太清、屏山、云林、伯芳结‘秋红吟社’，初集《牵牛花》，用《鹊桥仙》调。”太清这次所作，《东海渔歌》中也有收录：

《鹊桥仙·牵牛·社中课题》

丝丝柔蔓，层层密叶，绿锁柴门小院。朦胧残月挂林梢，早已是牵牛开满。

一天凉露，半篱疏影，缥缈银河斜转。枉将名字列天星，任织女相思不管。

词中隐隐寄托着对奕绘的思念之情，并借牵牛星表达出一丝幽怨，但比起同一年正月的“虚室东风冷，幽居泻泪泉”，那自怨自艾的意味已经淡了许多。

其它课题还有很多，比如：

《咏秋柳·太清》诗中有“依依自顾经霜影，楚楚空怜照水腰”，凄凄清丽；咏香山红叶，太清吟的是“妆点疏林入画工，斜阳碎影照丹枫”，贴切唯美；还有咏满人住宅里常见的暖炕的，太清慨叹说是“人力胜天力，炎凉竟可移”；有咏冬至后河上拖行用的冰床的，太清形容那情景是“两堤枯草木，一路碾瑶琼”；读画诗，太清则说“虚心深见水云平”，“下笔须知用笔情”，恬淡自然，既有禅意，又蕴含创作谈，颇为精到；听琴诗，太清直用《高山流水》调，描摹琴声是“七条弦上写柔情，一丝丝，弹动秋声”，“分明是，流水高山绝调，戛玉敲冰”；同到天宁寺看唐花，大家“望西山积雪分韵”，太清的吟咏尤美，“银海摇光，玉山霏素，平临万井烟村。嫩杨枝上，青帘高挂，飞来一缕春痕”，“花光照眼，花香染袖，花底醉游人”，“禅院里、同登欢喜地，倚明窗西望，笑语欣欣”。

相会如此快乐，却仿佛是向光阴里偷得一日半日似的，因她们作为女子身不由己，丈夫调任，家门牵故，都会成为她们不得不分离的缘由。奕绘在时，贝勒依制不得轻易离京，奕绘不在时，太清避嫌更不能远游，女友又多是南方人，离别便是命定的事情了。

云姜随夫南归，众女友齐聚石珊枝斋中，一曲《阳关三叠》，尽一时之欢。等到临行前，太清又在观音院饯别，并填《满江红》一阕，切切叮咛，泪随声堕：

归去来兮，怕君去，少留君坐。说不尽、离愁彼此，泪随声堕。野店长途当自爱，脂车秣马须亲课。报平安两字寄书频，君休惰。

新年事，匆匆过；冰初解，东风大。隔江关千里，相思无那。今日分襟何日见？观音不管人些个。叫一声珍重去难留，伤心我。

云姜走后二十天，太清看见天上的大雁，止不住思念这位挚友，再次填词《浪淘沙·正月廿七闻雁忆云姜》，字字离愁，缠绵动人：

别后计行邮，将到扬州。相思一日似三秋。恼煞雁行天上字，字字离愁。

回首忆春游，花底勾留。奈何岁月太悠悠。数至海棠开日尽，不见归舟。

一旦收到云姜来信，太清激动之情充溢字里行间，《江城梅花引·雨中接云姜信》之晓畅与深情颇受时人称赏：

故人千里寄书来。快些开，慢些开，不知书中安否费疑猜。别后炎凉时序改，江南北，动离愁，自徘徊。

徘徊，徘徊，渺予怀。天一涯，水一涯，梦也梦也，梦不见，当日裙钗。谁念西风翘首存心灰。明岁君归重见我，应不似，别离时，旧形骸。

长时间未接到云姜来信，太清便愁闷万端，用长调叠咏来摹写思情，《浪淘沙慢·久不接云姜信，用柳耆卿韵》：

又盼到、冬深不见，故人消息。况当雪后，几枝寒梅，绿萼如滴。对疏香疏影思佳客。细思量、两地相思。怕梦里，行踪无准，各自都成悲戚。

无极，九回柔肠，十分幽怨，不啻海角天涯，难寄伤心泪。虽暂成小别，也劳心力。回首当初，在众香国里花同惜。

最无端、寒来暑往，天天使人疏隔。问何时、共倚栏杆曲，坐西窗剪烛，千言与万语，叨叨不尽，说从前相忆。

情到深处，自会呈现出朴实的面目来，精致工整反倒像是扑上了一层矫饰的粉。这篇词就胜在朴实自然，不加藻饰，况周颐评为“朴实书情，宋人法乳，非纤艳之笔、藻缋之工所能梦见”。我读此词，却对“众香国里花同惜”一语格外有感。若无此句，前后数阕都仿佛爱情词似的浓密粘腻了些，语气也稍稍促切了些；有了此句，这一群女才子相知相惜的真情意才如粗粝尘世上的白玉一般，黄金一般，温润，贵重，值得珍而藏之。

与一群江南女友的欢会与离别，遥想她们行走江南的足迹，勾起太清少年时的美好记忆，梦里她又做了一次江南游客，遂有了一篇名作：

《江城子·记梦》

烟笼寒水月笼沙，泛灵槎，访仙家。一路清溪双桨破烟划。才过小桥风景变，明月下，见梅花。

梅花万树影交加，山之涯，水之涯。澹宕湖天韶秀总堪夸。我欲遍游香雪海，惊梦醒，怨啼鸦。

这一阕词，文字飘忽水云间，如神行，如飞仙，不带人间烟火气，超逸得像要飞升一般，堪称词中上品。

解读顾太清——顾太清词中的佛与道

太清 26 岁嫁给清乾隆曾孙奕绘为侧室夫人，奕绘为清代有名的宗室文学家，他们夫妇相爱甚笃，银烛清谈、吟诗作画，并骑郊游，诗酒酬唱，一起度过了 14 年的幸福生活。受丈夫奕绘的影响。顾太清也接触了佛道二教，并与许多僧道人士来往。这些人不仅是她生活困顿时的心灵寄托，又是她人生中没有掺杂任何功利性的朋友。也正是因为这种强大的精神力量，让她在深处困厄之时。还能寻找到生活的希望，给她的生活带来一丝温暖与曙光。在和他们的交往中，不可避免地受到佛道思想的影响。同这些僧道的交往以及在山林寺庙中的游历生活，带给词人冷静的视角，让她在人生之路找准航标。更为重要的是，还给她的诗词创作添加了复杂的人生况味。顾太清的《东海渔歌》词集收入 334 首词，其中咏花词占了颇大篇幅。除了一般意义上的借物抒怀，咏花词（尤其是咏荷花词）词作中的佛家、道家因素也是词作的一大亮点。

词集中关于顾太清与佛道关系的文字记录，主要体现在咏荷花词以及朋友的吟咏、题画词中。在顾太清所咏的花卉中，依次为海棠、荷花、梅花、杏花、牡丹等。荷花由于娇嫩的容颜与其特定的含义，也成为顾太清笔下的常见物象。“人之生死，事之成败，物之盛衰，都可以纳入‘花’这一短小的速写之中。因之它的每一过程，每一遭遇，都极易唤起人类共鸣的感应。而况‘花’之为物，更复眼前身畔随处可见”。

莲花又名荷花。莲花为词人营造出放飞心灵的自由世界，在莲的芬芳中，词人与莲有引为知己、相见恨晚的默契。“荷花”意象也就成为词人眼中自由的精灵。

以莲喻佛。《四十二章经》说：“我为沙门，处于浊世，当如莲花，不为污染”。《无量寿经》：“清白之法最具圆满?，犹如莲花，于诸世间，无染污故”。《文殊师利净律经》（道门品）云：“人心本净，纵处秽浊则无瑕疵，犹如日明不与冥合，亦如莲花不为泥尘之所沾污”。词作中以莲为喻的例子不胜枚举。佛座称为“莲座”或“莲台”，《菩萨蛮·西观音洞》“云隐小红墙，钟声发上方。高碑书故事，苔藓侵碑字。大士坐莲台，莲花何处开?”西方便是佛教所宣传的极乐世界，清净不染污浊；称佛国为“莲花国”；佛经《妙法莲花经》简称为《法华经》，都是以莲为喻，象征佛教教义的纯洁好妙。如《山亭宴·立秋》”“荷花半倚闲池沼”；《惜红衣》“最爱妙莲清净，法界梦中曾历”等等，都是词人爱用荷花为喻的具体表征。

赏荷花已经成为太清生活的一部分。她不仅爱它清净的本性，更爱它出淤泥而不染的习性《风人松·买菊》：“出水芙蓉玉扇，落红万点霓裳。萧条古寺积寒芳，不论价低昂。”词人还作《浣溪沙》，其一：“能忘情者是仙家”。其二：“开遍芙蓉叶叶凉，天成锦障护银塘。三千世界路何长。空教秋雨洗红妆。”太清词表现出一种“泛化”的苦恨，将一己之凄凉化人不尽感慨中，俨然负荷起无穷人生之悲哀。她的词还常常化用仙家故事、道家词语，如词中常用“瑶池”、“丹砂”、“广寒宫”等语汇。

从顾太清的诗题、词题和奕绘题太清画的诗词中，题画词中的荷花也多有佛教意味。如（《鹧鸪天·题南楼老人（秋水图)》

瑟瑟凉风入小池。红衣落尽翠离披。
双螯荐酒重阳近，一鹭冲天夕照迟。
白露结，碧云垂。波沈菰米动涟漪。
可怜秋色无多日，留得残荷听几时 。

从词题就可见咏吟之物乃为荷花。《瑶华·代许滇生刘兄题（海棠庵填词图）》“擅风流、小样迦陵，一缕茶烟轻护。”迦陵是迦陵频伽的简称，是梵音的音译，好声鸟，是佛家传说的妙禽。《齐天乐·题孚斋王孙（乘槎载妓图）》“天女腰肢，维摩眉宇，闻是王孙自写。欲何为也?有百八牟尼，一函《般若》。不著纤尘，屏除一切更娴雅。载个人儿，散天花使者。”莲花词反映了佛教在她生活中的地位，我们还能在她的生活中寻觅深蕴的道教意味。

满族女子能骑马，顾太清与丈夫奕绘常常联骑并辔，寻访京郊名胜，真是“遇佳山水留诗句”，“诗卷经年富唱酬”。尤其是奕绘以病辞职后，两人更是“大好河山得胜游”。京郊的名胜，几乎全留有他们夫妻二人的足迹，他们尤其爱访道游山。

顾太清早年颠沛流离，对宗教无甚兴趣。婚后，由于丈夫奕绘信仰全真道教，太清受其影响，也开始对道教产生了兴趣，但却研究不深。夫妻二人与道士来往频繁，其中最密切的是白云观主持张坤鹤，他们曾多次到那里听道或参观受戒。道光十四年。道士黄云谷还为太清夫妇画了黄冠道装像，两人因之互相赋诗题词。顾太清夫妇最常去的就是白云观。白云观规模宏大，号称道教全真派第一丛林。从词作可以看出，与她交往的道人并不是浅层的唱和，顾太清与这些道人交往甚密，交情不浅。与白云观主持张坤鹤交游，不仅有访道求真，还有生活上的交往。

阆苑会仙侣，金钟低度，玉磬初敲。松阴下、仙音一派风飘。笙箫。早人语静，幢幡绕，寿字香烧。张坤鹤，被霞裾鹤氅，宝髻云翘。

消摇。同登道箓，看取天外鸾轺。拥无边、沧海皓月银涛。相邀。涤除玄览，瑶池宴，已熟蟠桃。功成后，行不言之教，万物根苗。

这首《临江仙慢·白云观看坤鹤老人受戒》把受戒的过程淋漓尽致地表现出来。顾太清为张坤鹤贺七十寿，还写有《游城南三官庙，晚至白云观》、《寿张坤鹤五首》等诗。在张坤鹤驾鹤西去的时候，还写有《黄鹤引·挽白云观主张坤鹤老人》一词。

词作还描写了与道士的酬唱。如白云观主持张坤鹤就曾于道光十五年乙未六月二十一日冒雨登门造访他们夫妇二人，为此，顾太清填词一首《冉冉云·雨中张坤鹤过访》：

秋雨潇潇意难畅。忽敲门，道人来访。玄都客、谈论海天方丈。全不管、世间得丧。惟有真知最高尚。一任他、你争我让。把身心、且自忘忧颐养。阅尽古今花样。

这里，顾太清极为自然流畅地叙述了全真教道士来访情景，以及所进行的一番宣教内容。

全真教义讲“有卫生之道，而无长生之药”，惟以清心寡欲为要，不管世间得失，任凭世人争让，且自忘忧颐养。这种人生哲学顾太清是接受的，在其词作中，也常有所表露，如《浪淘沙·偶成》：

人世竟无休。释马耕牛。道人眉上不生愁。闲把丹书窗下坐，此外何求？光景去悠悠。岁月难留。百年同作土馒头。打叠身心安稳处，顺水行舟。

此词直接表述了顾太清清心寡欲、与世无争的生活态度。表现出身外无他累，不为人世无休的烦恼所扰，保持一种洁身自好、清静无为的人生态度。

顾太清的丈夫奕绘深受道家思想的影响。和丈夫情投意合，思想上的接近与契合，使得顾太清自然接受这样的思想。从顾太清名子春之字、太清之道号、总集《天游阁集》，既是配奕绘“子章”之字、“太章”之道号、《明善堂集》，也可以看出她深受道教的影响，并且两人请黄云谷道士画了两张道装像。此外顾太清也注意多阅读道书。力求更深层次地探寻人生哲理。

除道士及道观外，也涉及僧人及寺庙。这些词作多是描写寺庙风光，也有通过对于寺庙风光的描绘抒写内心所思所想。

顾太清所到的寺庙有潭柘寺、戒台寺、西观音洞、东观音洞、西峰寺、天台寺、天空寺、枣花寺、天宁寺、碧霞元君祠（娘娘庙）、悯忠寺，没有标明的寺庙一律统称为萧寺。如《木兰花慢》“独立莲花峰顶，下看九点齐州。”《台城路》“听萧寺钟声，梵宫轻叩。”道光十五年，太清开始与梁德绳、许云姜、吴苹香等交往，其一大乐事就是与好友交游。词集中多首词都提及去佛寺游历之事。《好事近》记录了与好友相约过枣花寺（又名崇效寺）看牡丹，因为花期未至，相约择日再度前行，而《玉楼春》一词就详细记录了如约同去枣花寺看牡丹的情境。

《菩萨蛮·西峰寺》：

红叶被山阿，寒林废塔多。
寺门残照里。古洞余荒址。
殿角秀长春，花开日月新。

《菩萨蛮·东观音洞》：

斜阳乍转夕阴结，观音古洞寒泉冽。
黄叶拥禅关，山僧终日闲。
石桥通曲径，树杪栖乌定。
修竹暗森森，悠然净客心。

山僧终日闲与客心常逐尘的对比，可见词人内心渴望静谧的生活。在观音洞如此清净的场所参禅论禅，这是多么惬意的人生乐事。

禅房的寂静、与出家人忘情的交谈之中似乎就能扫除内心的烦闷及生活的不如意，僧尼成了她最好的倾诉对象。

顾太清不仅常去佛寺参加活动，在家里也不忘参与佛教的盛大节日。如农历四月八日的浴佛日。《江神子·浴佛日喜雨》：“一夜甘霖，普济万千家。今岁麦秋知有望，民之乐，乐无涯。”曲浴佛日（农历四月八日），相传为释迦牟尼的生日，适逢此日，佛教信徒就用拌有香料的水盥洗佛像，是谓“浴佛”。浴佛之日，感恩甘霖普降。《广寒秋》：“是心清净，晏坐了无余说。岩花涧草任风吹，更不许、纷纷饶舌。西方何处，长安道远，且向者边休歇。扫除一切性光圆，本来法、无生无灭。”顾太清热衷参加佛教活动，清净内心。可以看到，僧尼、寺庙以及道士、道观已经成为顾太清生活中不可或缺的因素。顾太清所交游的出家人以道士为主，所游历的庙宇也以道观、佛寺为多。

现存关于顾太清的资料中，没有直接涉及到她是否有宗教信仰。但她的词作也时常显露出一些有关宗教的话语，尤其在生活困顿的时候，更是藉宗教来排遣心中的苦闷与忧伤。无论她是否将佛教或道教作为一种信仰，身处庙宇之中、耳听清净之音，日日与僧道谈论交往，难免会受其影响。

第五章 情深处，悲喜人生大不同

同样是与一代才女留下密切联系记载的人，然而两人的命运却差别极大。一个是皇家后代，年轻贝勒，生活无忧，家庭美满。一个却是终身郁郁不得志，不容于官场，私德也颇受世人诟病，只留下瑰丽的诗篇。

皇族后代，才华横溢

根据史料，太清之夫，贝勒奕绘的生平如下：

贝勒奕绘是荣恪郡王之长子也。荣郡王讳绵亿，荣纯亲王永琪之第五子。生母为荣纯亲王侧福晋索绰罗氏，左都御史观保之女，嘉庆五年追封为荣纯亲王侧福晋母。奕绘生母为绵亿侧福晋王佳氏，以嘉庆四年正月十六日寅时，诞生于太平湖邸中。荣王府在太平湖畔，王府东起鲍家街及太平湖西岸及西城垣，南起今太平湖东里之南西向段，北至宗帽胡同头条。初讳奕铭，为郡王世子。

五年，以郡王世子赏戴二品顶戴。

十一年，以世子命名未经请旨，荣恪郡王获罪，奉仁宗谕始改今讳。

十八年，世子娶夫人赫舍里氏。夫人赫舍里氏为副都统福勒洪阿之女，名霭仙，长奕绘一岁。

二十年春三月，郡王薨。嘉庆二十年三月初五日，荣郡王绵亿薨，仁宗驾临园居赐奠，并召见世子。甲寅，嘉庆临荣恪郡王绵亿园居赐奠，夏六月，世子降袭多罗贝勒，赏戴三眼花翎。

二十一年，猎于兴安。

二十三年春二月，贝勒长子载钧生，是岁因差赴盛京。载钧，嘉庆二十三年戊寅二月十七日生，母嫡夫人赫舍里氏。道光八年十月赏戴花翎，十八年十月袭固山贝子，十九年七月派往守护东陵，二十八年四月派往守护西陵，咸丰元年二月派往守护东陵，四年十二月授左翼近支，五年十月授正进六班，咸丰七年丁巳六月子时溘逝，年四十岁。

二十五年，仁宗崩。宣宗即位，改元道光。

道光三年秋九月，奉派管理正红旗觉罗学事务。

四年，纳西林夫人为侧室，以二等护卫顾文星女呈报宗人府。

五年秋，献荣纯亲王所藏《海运掌图》一卷，宣宗嘉之，即日授散秩大臣。七月，载钊生，西林夫人所出第一子也。冬十一月，载钦生，赫舍里夫人所出第二子也。载钊，生于道光五年七月初七；载钦，生于道光五年十一月二十三。

六年春正月，载钦殇。二月，管理两翼宗学事务，载钦殇于六年正月二十二日寅时。

七年夏五月，因差赴东陵，初谒曾祖母愉太妃园寝。秋九月，迎孝穆皇后梓宫。冬十一月，礼成，返京师。

八年春正月，谒寿皇殿，敬瞻列圣御容。夏四月，授镶红旗总族长。长子载钧，赏戴花翎。秋，因差赴西陵。

九年夏五月，钦派为东陵守护大臣，解去管理两翼宗学事务。六月，如东陵。秋，遍览黄花山、天台山、平山、茅山诸胜。于是构东山草堂、信述山楼。自题匾额，复以东山为号。

十年秋七月，嫡室赫舍里夫人薨，为《鼓盆歌》九章，哭之。赐假治丧，返京师。假满，留京改管理御书处及武英殿修书处，领秘书监，得瞻聚珍版及武英殿东殿藏书。冬十月，授内大臣。十一月，授正白旗汉军都统。十二月，蒙赐“福”字。据《啸亭杂录》定制，列圣于嘉平朔谒阐福寺归，御建福宫，开笔书福字笺，以迓新禧，凡内廷王公、大臣皆遍赐之。翼日，上御乾清宫西暖阁，召赐福字之臣入跪御案前，上亲挥宸翰，其人自捧之出，以志宠也。其内廷翰林及乾清门侍卫皆赐双钩福字，盖御笔勒石者也。其余御笔皆封贮乾清宫，于次岁冬间，特赐军机大臣、御前大臣数人，谓之赐余福云。

十一年春正月，上元前夕，侍宴于圆明园奉三无私殿，奉和御制奉三无私曲宴亲藩即事诗原韵。秋，监顺天乡试，登贡院明远楼。九月，分校武闱，顺天、奉天、锦州、永平、天津五府，遵化一直隶州，乡试。冬十月，初赐坤宁宫祭肉。十一月暂管观象台事务。据《啸亭杂录》每岁元旦及上元日，钦点皇子皇孙等及近支王、贝勒、公曲宴于乾清宫，及奉三无私殿。皆用高椅盛馔，每二人一席，赋诗饮酒，行家人礼焉。

十二年春正月上元前夕，侍宴于圆明园奉三无私殿，和御制七言诗原韵。夏，携诸护卫游西山，赋诗。秋，武会试分监列字围，并司东郊及卢沟桥炮演。九月，四子载初生，西林夫人所出之第二子也。

十三年上元前夕，侍宴圆明园。长女孟文郡君，许字蒙古亲王车登巴咱尔。清明，双桥新寓成。舅父那文毅公卒。夏五月朔，雷击邸西门槐，掘槐出泉，名之曰雷泉。秋，如房山谒金太祖、金世宗陵，游西域云居寺。冬至前一日入值，召对。

十四年正月，五子载同生。夏，借俸立茔，蒙恩支禄十年，银两万七千，分二十年扣还户部。五月，命护卫阿禅泰以采育地易西域天台寺址，营建大南峪园寝。冬十二月，载同殇。

十五年正月，侍宴宫中。闰六月，自请解去正白旗汉军都统、武英殿事务、近支婚嫁事宜、镶红旗总族长。欲消闲岁月于泉石林木之间。大南峪诸馆阁房屋法式，以至窗棂扉格，皆手自图样。栽花、植树、辟圃、养牲，命阿禅泰、鄂克陀为监督。是年，大南峪清风阁成。

十六年春二月，如大南峪，宿清风阁。与西林夫人联骑游石堂，观孔水，得开元残碣及卢襄诗碣各一。复登西北最高峰，月杪归京。三月，游黑龙潭翠微山诸寺。夏六月，蒙恩赏食半俸。秋，命二等护卫鄂克陀携家人驻大南峪，管理山田事务。

十七年清明如大南峪，时杨树关、大槐宫、平安精舍霏云馆等以次落成。宿霏云馆，雨雪。雪霁，策卫视菜圃，游上万村，得元碑。探玉室洞天、玉仙、潜真诸洞，归宿清风阁。夏四月，游慈溪，时大南峪工将竣，列为十景：曰杨树关、曰第一桥、曰山堂、曰霏云馆、曰清风阁、曰牛羊砦、曰菜圃、曰红叶庵、曰大槐宫、曰东坡小石城。

十八年元旦，赋诗述怀。夏四月，姊富察县君殁，无子，贝勒亲为入殓。秋贝勒不适，七月初七日辰时，薨于太平湖邸中。袭爵凡二十三年，年四十岁。改大南峪为园寝，以山堂为飨殿，清风阁后已预为圹，因下葬焉。

家史氏曰：贝勒聪明天纵，十二能诗，笃好风雅，博览群籍，诗文词章，皆知名于世。初号妙莲居士，曾与赫舍里夫人合著《妙莲华集》。又号幻园居士、观古斋主人，中年始号太素道人。著有《子章子》、《秘书集》、《明善堂文集》。集中诗名《流水编》，词名《南谷樵唱》，即因大南峪命名也。所交游之王引之、阮元、潘世恩，皆名儒硕学。邸中僚属阿禅泰、鄂克陀、尼玛兰皆侍从谈经论文，鼓琴赋诗。虽奚童、侍婢，皆能颂主人警句。有憨奴入市，遇一《达摩渡江图》即购而归献，当时珍玩汇集，实因上下同好，一时文风昌盛，夫妻主仆相对无俗言。复精研算法，得纯恪二王之传。因曾摄钦天监事，又习拉体诸文，中外兼通，造诣深广，余邸文运，至此而极盛焉。

奕绘是皇族，在《清史稿》和《满族文学史》上都有记载："奕绘，清高宗曾孙，自号太素道人，又号幻园居士。嘉庆中袭爵贝勒，累官正白旗汉军都统，笃好风雅……”太清与奕绘是同年，二人结婚当在奕绘袭爵后数年间。除了在名份上太清是妾（侧福晋）的身份之外，婚姻是十分美满。嫡夫人不久逝世，太清得专宠，而且奕绘又才华出众，家世显赫，年貌相当，夫妻唱和，相敬如宾，乃理想的一对，天生的一双。太清的创作盛期，亦在此时。比如她的巨著《子春集》，包括诗集《天游阁集》和词集《东海渔歌》两部分，共约千首诗词。这两部诗词集，是和丈夫奕绘的《明善堂集》、《南谷樵唱》对称命名的，乃至“太清”之号，都是与奕绘的“太素”之号偕偶对称。可见两人情笃才高，唱和甚得。南谷位于永定河以西大房山之东，当是弈绘与太清的幽静别墅。中有霏云馆、清风阁、红叶庵、大槐宫等，皆奕绘度其山势构建的园林佳城，而天游阁则为奕绘邸中之一处，当系太清、太素与诸友唱和燕憩之所。难怪在《子春集》里常能见到《夏至同夫子登天游阁诗》、《谷雨日同社诸友集天游阁看海棠》等为题所赋七言绝句，从中感受太清这一词坛名家唱和裕如，令人惊奇不已，钦羡不止的非凡才华。

夫妻和唱，神仙眷侣

苏格拉底说：“务必要结婚，娶个好女人，你会很快乐；娶个坏女人，你会成为哲学家。”在众目睽睽之下，苏格拉底挨了老婆一通骂，又被兜头泼了一身水，还能抹一把脸对学生说："雷霆之后必定有雨。"围观群众佩服得五体投地。然而，一个男人打着赤脚披着破旧长袍，整天游荡在雅典的大街小巷，与贩夫走卒厮混耍嘴皮子，却不肯回家，那故作不在乎的自嘲背后隐藏着多大的不快乐呢？大约此时，连街角小店里享用温馨家庭餐的皮鞋匠，都会是苏格拉底羡慕的对象。作为一位窥知灵魂堂奥掌握人类智慧的哲学家，他比他终生独身的弟子柏拉图要通透得多，明了婚姻是社会人的必由之途，以顺遂的姿态接受之，但他对自己的界定很明显，一个不快乐的哲学家。

犹太人几千年前就在他们古老的羊皮卷上郑重写道：温馨的家庭是上帝赐给我们最好的礼物。又说，好女人是一所学校。女人在家庭中的重要性不言而喻，决定着一个家庭的基本色调是明亮温暖还是阴郁混乱，是否具有凝聚力，是否能抚慰各家庭成员。

无独有偶，我们的老祖先也说过类似的话，《诗经·桃夭》云："桃之夭夭，灼灼其华。之子于归，宜其室家。"好女人，要像桃花一样明亮美好，要使她的家庭和顺幸福，家和万事兴，这就是"娶个好女人，你会很快乐"。

奕绘运气好，他的正室和侧室，两个有明文册封的妻子，都是宜室宜家的好女人。

按清朝皇室制度，王公的媵妾是有定数的，比如贝勒的定数是五人，其中有两人可封夫人、侧室。一般说来，王公贵族们在定制之外还会有姬妾数名，反正不在册，皇室也乐见，说起来还都有名目，是为了王室后裔，故而各王府里多的是妻妾成群。但荣王府里，奕绘一生只有这两个妻子，太清与妙华。两个夫人知书达理，相处融洽，合力管理府内事务，荣王府上下其乐融融，奕绘本人也坐享齐人之福。

所以，奕绘注定成不了痛苦的哲人，而是快乐的诗人。

奕绘和太清两位诗人的第一次唱和，是在道光六年清明节。

清明踏春，是北地人的老习惯了。太清、奕绘和妙华侍奉着太夫人，登北京西山，游潭柘寺、戒台寺等名胜，可巧赶上了一场雪，琉璃世界，白雪奇观，只见老松如卧龙，怪石如蹲虎，美不胜收。太清作七律一首，以记此游。奕绘和之，题为《清明后，太福晋携家人稚子游潭柘、戒台诸胜，遇雪；夜晴，侧室太清赋诗纪游，因次其韵》。这是现存文字记载里奕绘第一次用文字注明太清的身份。

这段时期，其实并非太清人生最幸福的时候。在这次唱和的之前之后，也就是太清婚姻里最初四年间，她与奕绘共同出游的机会不多，诗词唱和也很少见，想来作为王府大宅门的侧室夫人，她是低调的，克制、勤谨，既不敢与奕绘太过恩爱而招致其他人的敏感反应，又要尽心侍奉太夫人以消弭曾经的龃龉不满。那情景大约与《影梅庵忆语》里的董小宛相似，“服劳承旨，较婢妇有加无已”，烹茶剥果必亲手进奉，饮食进餐必拱立侍坐，对上无一言枘凿，御下则慈让有加。于是，阖府上下，莫不感其恩德，她获得了很好的口碑。依照封建伦理道德固然是贤良淑德，但我们今人看了总要想，这样的女人未免活得太累，实可叹也。

奕绘授散秩大臣，奕绘管理两翼宗学事务，奕绘授镶红旗总族长……职务累迁似乎对太清没什么改变，她如一滴水隐入太平湖，连一首记录生活的诗词也没出现，唯一引起点波纹的大概就是家族史上那一笔了，先后产下三子二女。

直到道光九年奕绘钦派为东陵守护大臣，惟太清携幼子载钊陪同赴任，属于他们游乐唱和的二人世界才徐徐打开。

清东陵位于河北遵化境内，北有昌瑞山做屏，南有金星山来朝，中立影壁山，东西两河环绕，美景天成，远离尘嚣，正可做神仙眷侣优游之地。两人在官邸内筑草堂、建山楼，堂曰“东山”，寓隐居之意，并致敬谢安石；楼名“信述”，大约出自《论语》“述而不作，信而好古”，有高古之气。

奕绘自得自乐：“一松终日共徘徊，信述山楼手自开。”

太清相和相随：“款段相随上小岑，斜阳坐话古松阴。”

名为信述山楼，其实是青山之下，古松之傍，茅屋一间而已，如奕绘自言“一间茅屋强名楼”。他们引水开渠，凿池蓄水，一碧清流绕楼而行，夫妻俩欢喜对坐，曲水流觞，临风采荇，吟诗联句，那一番和合之喜，美好诗意，连他们自己也不禁满足而叹息：“至道无为叹河伯”(太清)，“寓言得意忘渔筌”(奕绘)。

太过甜蜜的生活如深巷酒香，由不得地就流泻出来，飘洒人间。太清创作了一组艳体诗，写神仙眷属男女爱情，冠以“戏拟”二字，但读来宛然是自况，比如：“玉笛闲吹翻旧谱，红牙低拍唱新词。娉婷合是神仙侣，小谪人间归去迟。”奕绘也戏拟艳体诗以唱和，浪漫与甜蜜溢于言表。诗句传到京城后，京城名士还赠诗以表艳羡：“玉台仙眷属，韵事共风流。”

神仙“小谪人间”，终究亦是要“归去”的。第二年七月，妙华夫人去世，奕绘与太清返京奔丧，结束了东陵生活。

文字记载里没有透露妙华夫人去世的原因，想来三十三岁早亡只能是病逝，其中也许还有爱情萎顿的缘故？一夫多妻制总是伴着东风西风之争，即使太清与妙华并无纷争，但一方爱得如火如荼，另一方自然会失落苦闷，何况妙华与奕绘本是少年夫妻，十八年的举案齐眉。“结发为夫妻，恩爱两不疑”，那是“两”，若是“三”人呢？叹三生石上，哪里种得下世间男女这许多痴愿？

奕绘为之痛惜，作九阕《鼓盆歌》，表达“一载生离成死别”的真实哀伤。鼓盆，借的是庄子的典故，而且只能是表达丧妻之情。

此后直到奕绘去世，未再续娶正室，太清没有资格扶正，奕绘也未另外纳妾，也就是说，这两个人实质上成了一夫一妻的格局——依照清制，奕绘的这个坚持是极为难得的，当时王公府邸世家之间的社交，尤其是正式庆吊场合，不允许以侧室身份出面，故而凡正室病故，一般都会续娶，常常是正室、侧室及侍妾齐备。

文廷式在《琴风余谭》中这样记载这一段轶闻："满族女史曰顾太清者，为尚书顾八代之曾孙女，初适副贡生某，为鄂文端公之后人，夫死后，复为贝勒奕绘之侧室。"这则记载中，真假参杂，如顾八代之曾孙女，并非实际情况，但说太清曾嫁给副贡生某，极可能为实情，并为太清与奕绘结合的一大障碍。因为身为罪人之后，太清被迫冒名荣府护卫之女，改姓顾，方得以嫁给自己心仪之人。奕绘与太清结合之后，感情融洽，过着美满幸福的家庭生活。奕绘与太清同年，嫡妻妙华夫人年长一岁，她对太清亦甚为友善，三十三岁早逝之后，奕绘并未续娶，也未纳妾，直至四十岁病故。故此，冒广生对她的婚姻生活，有着"九年占尽专房宠"之说。

"死生契阔，与子成说。执子之手，与子偕老"，若不是9年后死亡的中道伏击，奕绘和太清将是相亲相爱幸福终老的一对。

一代诗人，士林“怪杰”

“我劝天公重抖擞，不拘一格降人才。”“落红不是无情物，化作春泥更护花。”这些熟悉的诗句来自于同一个作者。那就是与太清传出“绯闻”，致其晚年凄凉的著名诗人龚自珍。因为其诗文入选中学课本，龚自珍成为当下认知度颇高的清代文人。实际上，在他在世之年，就已经富有文名和诗名。他曾经不无得意地写下过“赖是摇鞭吟好句，流传乡里只诗名”的诗句，称自己离开京城刚刚回到故乡，就听到有人吟诵他出发前创作的诗作，由此，民间对他有“诗先人到”的谣谚。他为时人所重，由此可见一斑。

龚自珍（1792 年 8 月 22 日~1841 年 9 月 26 日），字璱人，号定庵，后更名易简，字伯定，又更名巩祚，号定庵；浙江仁和（今浙江杭州）人。清代思想家、诗人、文学家及改良主义的先驱者。著有《国语注补》、《三礼图考》、《两汉书质疑》、《楚辞名物考》等书。另外著有《定庵文集》，留存文章 300 余篇，诗词近 800 首，今人辑为《龚自珍全集》。著名诗作《己亥杂诗》共 315 首。

龚自珍生于世代官宦的家庭。祖父龚禔身，官至内阁中书军机处行走，著有《吟臒山房诗》。

龚自珍的父亲龚丽正，幼年过继给龚敬身为子，是嘉庆元年进士，曾任江苏按察使。龚自珍家人非但为官显赫，且都极有文学修养，包括他的母亲段驯在内，都著有诗集、文集传世。段驯的父亲段玉裁，乃是清代乾嘉学派中最有名的学者之一。

精通经史子集的外公段玉裁对他更是严格。嘉庆二十年，龚自珍仅23岁，就完成了《明良论》4篇，他描述当时的士林状况："避席畏闻文字狱，著书都为稻粱谋。"段玉裁看到《明良论》后，格外器重这个外孙，称许龚自珍的文章"风发云逝，有不可一世之慨"，又说自己老了，能在死前看见这个天下奇才，是一大幸事。但是，段玉裁也曾这样告诫龚自珍："努力为名儒，为名臣，勿愿为名士。"由于外公的教导，龚自珍自幼即投身于经世致用之学。28岁时，他拜在经学大师刘逢禄门下，从此确立了批判社会现实，主张社会改革的思想。

20岁以前，在家学习经学、文学。他自幼受母亲教育，好读诗文。从8岁起学习研究经史、大学。12岁从其姥爷段玉裁学《说文》。他搜辑科名掌故；以经说字、以字说经；考古今官制；为目录学、金石学等。同时，在文学上，也显示了创作的才华。13岁，作《知觉辨》，"是文集之托始"；15岁，诗集编年；嘉庆十五年，19岁，倚声填词，应顺天乡试，由监生中式副榜第28名。

1813年4月再应顺天乡试，又名落孙山，7月妻子因误诊卒于徽州府署。9月天理教农民起义。第二年著四篇《明良论》，第一次明快地表露了自己的政治见解，对君权专制进行抨击。他指出，腐败的原因首先在于皇帝视臣下如犬马、奴才，甚走狗，使大臣不知廉耻，只知朝夕长跪，只知追求车马、服饰，以言词取媚君上。在这种制度下，"官愈久则气愈偷，望愈崇则谄愈固，地愈近则媚益工"入骨三分的针砭，令外祖父段玉裁阅后又惊又喜，他欣然加墨批点："四论皆古方也，而中今病，岂必别制一新方哉？"他欣慰地说"犹见此才而死，吾不憾矣！"。

后回徽州后参与父亲主持的《徽州府志》重修工作。1815年，续娶安庆知府何裕均侄孙女何吉云。祖父病逝后与家人回杭州守孝。两年后返京，租住北京法源寺南。

嘉庆二十三年（1818）又应浙江乡试，始中举，主考官为著名汉学家高邮王引之。二十四年应会试落选，在京师与魏源一起师事今文学家刘逢禄，研读《公羊春秋》。嘉庆二十五年（1820），龚自珍会试再度落第，以举人挑选为内阁中书。从道光元年（1821）起，又任国史馆校对等官职，先后十几年。其间，他阅读了内阁丰富的档案和典籍，勾索旧闻，探讨历代得失，以后又参加《大清一统志》的修撰，写出了《西域置行省议》等有深刻见解的文章。

道光九年（1829），38岁的龚自珍经过第六次会试，终于考中进士。

他在殿试对策中仿效王安石“上仁宗皇帝言事书”，撰《御试安边抚远疏》，议论新疆平定准格尔叛乱后的善后治理，从施政、用人、治水、治边等方面提出改革主张。“胪举时事，洒洒千余言，直陈无隐，阅卷诸公皆大惊。”主持殿试的大学士曹振镛是个有名的“多磕头、少说话”的三朝不倒翁，他“以楷法不中程，不列优等”，将龚自珍置于三甲第十九名，不得入翰林，仍为内阁中书。在历任京官的20年中，龚自珍虽困阨闲曹，仍屡屡上书，指斥时弊，但都未被采纳，甚至被同僚视为“痼疾”。这一时期，他也撰写了更加成熟的一些政论，如《乙丙之际箸议》《大誓答问》《古史钩沉论》等，讥刺封建官僚的昏庸。

在京师的官场上，龚自珍始终只做了内阁中书、宗人府主事、礼部主事这样一些闲散的小官职，而且还不断受到当权的保守派的排斥。他的那些远大抱负也因此没有可能付诸试验。但是，他始终关心着国家的政事，并愿意为振兴国家而贡献自己的力量。1838年冬，林则徐动身前往广州查禁鸦片。临行前，龚自珍写信给他送行，表示坚决支持他的禁烟主张，并且提出了许多积极的建议。如建议林则徐要制止白银外流、平定银价，严惩鸦片的贩卖者和制造者；希望他坚定信心，不要为各种势力的游说者所动摇；期望他通过一省之治而使“中国十八省银价平、物力实、人心定”等等。不仅如此，他还要求跟随林则徐一起南下，为禁烟效力。然而由于受到当权者的阻扰而未能成行。

由于龚自珍屡屡揭露时弊，触动时忌，因而不断遭到权贵的排挤和打击。道光十九年春，他又忤其长官，决计辞官南归，于四月二十三日离京。同年九月又自杭州北上接还眷属。两次往返途中，百感交集的龚自珍写下了许多激扬、深情的忧国忧民诗文，这便是著名的《己亥杂诗》315首。

道光二十一年（1841）春，龚自珍执教于江苏丹阳云阳书院。

三月，父亲龚丽正去世，龚自珍又兼任了原由其父主持的杭州紫阳书院讲席。夏末，他曾写信给江苏巡抚梁章钜，准备辞去教职，赴上海参加反抗外国侵略的战斗。但1841年9月26日，突患急病暴卒于丹阳，年仅50岁。

他对政治现实认识日益深刻，提出不少改革建议，写出许多著名评论，许多著名诗篇和散文名篇也写于这一时期。改革建议，著名评论如《八平战乱何时复我还》《西安事变》《逐江南次浙东》《送钦差大臣侯官林公序》和历史、哲学论文如《古史钩沉论》等。也有不少文学散文名篇，如《己亥天道者设乾坤》《己亥深烟》《己亥六月重过扬州记》《病梅馆记》等。他的许多著名诗篇，如《能令公少年行》《咏史》《西郊落花歌》和《己亥杂诗》等，也都是这时期作品。龚自珍墨迹政治学术思想龚自珍生活的时代，是统一的封建国家面临没落崩溃、走向半殖民地半封建的历史新阶段，国内阶级矛盾日益尖锐，外国资本主义侵略势力不断加深。

非同寻常之人总有非同寻常之貌，龚自珍也不例外。清人的笔记中称，他头顶有棱而四分，如同头上顶着一个“十”字。他的额头往下凹，颏骨往上凸，目光炯炯如电。跟人谈话时，他爱说笑话、段子，谈论诗文时蓬头垢面，甚至不屑于洗漱。

龚自珍俯视一世，很少有人能入他的法眼。据况周颐《餐樱庑随笔》记载，他曾嘲笑自己的叔父龚守正文理不通，甚至嘲笑自己的父亲龚丽正也只不过半通而已，可见他是多么自负，多么胆大，多么不讲情面。

龚自珍还有一些令人难解的怪癖。有一次，他住在别人家，来客人时跟人聊天，聊得兴起，居然跳到桌子上舞蹈；送客时，他却不知去向；再譬如，他常常与素不相识的人饮酒为乐；又曾嘱咐家人准备宴席，却不请任何客人，独自对着空荡荡的房间举杯自酌。于是朋友都称之为“龚呆子”。

大凡性情中人，喜欢讲怪话，管不住自己的乌嘴，动辄触犯时忌，在官场中就休想混出多大名堂。龚自珍撰过一副对联：“智周万物而无所思，言满天下而未尝议。”这种证悟法华三昧的话，说说而已，他如何能收狂向禅，臻达化境？龚自珍只好认命，做个诗酒风流的名士感觉也不错嘛，至少比那些削尖脑袋苦苦钻营的禄蠹活得更潇洒更快意。

龚自珍曾在《金缕曲·癸酉秋出都述怀》中大放狂言：“愿得黄金三百万，交尽美人名士，更结尽燕邯侠子！”龚自珍结交当世英彦，可谓朋友遍天下，王昙、汤鹏、张际亮、姚莹、恽敬、孙星衍、赵怀玉、张维屏、阮元、程同文、庄绶甲、李兆洛、刘逢禄、王氏父子（王念孙、王引之）、魏源、林则徐，差不多个个都是重量级、次重量级的国士，有的为平辈之交，有的为忘年之交。最有趣的是大学者阮元，他晚年退居扬州，不耐烦接见俗子，“人有以鄙事相污，则伪耳聋以避之”，更别说挽留对方共进午餐或晚餐了。龚自珍游扬州，踵门拜访，两人一见如故，相谈甚欢，阮元吩咐摆家筵款待。扬州士女便做了两句调侃的顺口溜：“阮公耳聋，见龚则聪；阮公俭啬，交龚必阔。”由此可见，当时朝野名流对龚自珍的推重确实非同寻常。

龚自珍常常口出狂言：他说流传下来的李白诗歌十有八九都是伪作；又说白居易是“千古恶诗之祖”，因为白居易描摹杨贵妃的名句“回眸一笑百媚生”，乃是形容勾栏妓女之词，并非贵妃气度；他把自家大门命名为“积思之门”，把自己的卧室命名为“寡欢之府”，又在自己的书桌上题了“多愤之木”。后人往往把这些充满控诉性的文字，解读为龚自珍发泄内心悲愤的表现。

龚自珍的悲愤、苦闷，无非来自于自己仕途的不顺。为了能在官场上有所作为，他甚至两次“戒诗”，表示不再浪费精力于诗歌上。即便这样，他也无法排解怀才不遇的胸中块垒，只能佯装狂傲。居住京师之时，他是士大夫圈子里有名的狂人，时号“龚疯子”。每每在参加宴会时，手舞足蹈，高谈阔论，而且口不择言，根本不顾及别人的感受。以至于老朋友魏源有一次专门写信劝他，让他学得滑头点，对什么人说什么话，既要“择人”，也要“择言”。他在致友人信中说：“吾辈行事，动辄为人笑。”可是，他完全没办法自控。

龚自珍的狂傲是出了名的，甚至在他还没有当官时就已经有所显现。有一则流传很广的故事，虽然不知真伪，却淋漓尽致地形容了他的“狂”。龚自珍参加科举考试时，一个叫做王植的考官进行评改。王植见文章写得不合常理，不觉大笑。另一考官温房叔闻笑来看，见是浙江考生之作，便断定作者是龚自珍。于是建议王植推荐上去，免得被龚自珍骂成不识人才。王植依计行事。揭榜之日，有人问龚自珍推荐他的考官是谁，龚自珍嗤笑说：“实在稀奇，是个无名小辈王植也。”王植闻之，便找温房叔抱怨道：“你看，推荐了还是要被骂。”

龚自珍恃才傲物，自我感觉一贯良好，但他对已经成名的前辈尚算尊重。他在写给秦敦夫的信中说：“士大夫多瞻仰前辈一日，则胸中长一分丘壑；长一分丘壑，去一分鄙陋。”二十六岁时，他把讽世骂人的文章结集为《伫泣亭文》，恭恭敬敬送给当时的著名学者王芑孙过目，说是请教，实则是等着对方极口赞誉。可是事与愿违，王芑孙的批评虽然委婉，却并不客气：“……至于集中伤时之语，骂坐之言，涉目皆是，此大不可也。”又说：“不宜立异自高。凡立异未能有异，自高未有能高于人者。甚至上关朝廷，下及冠盖，口不择言，动与时忤，足下将持是安归乎？足下病一世人乐为乡愿，夫乡愿不可为，怪魁亦不可为也。乡愿犹足以自存，怪魁将何所自处？……窃谓士亦修身慎言，远罪寡过而已，文之佳恶，何关得失，无足深论，此即足下自治性情之说也。惟愿足下循循为庸言之谨，抑其志于东方尚同之学，则养身养德养福之源，皆在乎此。虽马或蹄啮而千里，士或跅驰而济用，然今足下有父兄在职，家门鼎盛，任重道远，岂宜以跅驰自命者乎？况读书力行，原不在乎高谈。海内高谈之士，如仲瞿、子居，皆颠沛以死。仆素卑近，未至如仲瞿、子居之惊世骇俗，已不为一世所取，坐老荒江老屋中。足下不可不鉴戒，而又纵心以驾于仲瞿、子居之上乎？”王老先生对龚自珍进行了严厉的批评：你诗中有太多的伤时之语、骂座之言，一个真正的大家不应如此；你嘲笑一般人蝇营狗苟、胸无大志，但不应该认为别人一无是处。凡高谈阔论之人，都颠沛而死没什么好结果；乡愿小民虽终生无大成就，但是能保全自己。我宁愿你做一个碌碌无为的“乡愿”，也不希望看到你成为一个与世格格不入的“怪杰”。龚自珍原以为将找到一位认同自己的前辈，得到一番赞许，却没想到收获的只是满纸忠告。他年少气盛，暂时还听不进逆耳诤言，一怒之下，把文集撕成碎片。及至三十多岁，龚自珍阅世渐深，《咏史》诗中乃有“避席畏闻文字狱，著书都为稻粱谋”的痛句，少年锐气已挫去三分矣。

忠言逆耳，人到中年、已经36岁的龚自珍，依旧没有实现自己的理想。此时他有诗形容自己：“中年何寡欢，心绪不缥缈。人事日龃龉，独笑时颇少。”内心的孤寂苦闷，直接影响着龚自珍外在容颜的变化：“中夜遽然惧，沉沉生鬓丝。开门故人来，惊我容颜羸。”一个鬓添白发的中年人，满腹经纶，尚未能获得一个满意、稳定的生活，对心高气傲、才高志远的他来说，是深深的耻辱。

龚自珍的“狂傲”还表现在他对书法的态度上。龚自珍的字写得一般，对习书法者颇不以为然。曾有一回，他去拜访身为礼部尚书的叔父龚守正，刚落坐，叔侄尚未寒暄数语，门房就进来通报说，有位小门生到府中求见。来人新近点了翰林，特来拜访恩师。龚自珍只好捺下话头，暂去耳房回避，外间的交谈倒也听得一清二楚。尚书问门生最近都忙些什么，门生回答道，也没啥要紧的事情好忙，平日只是临摹字帖，在书法上用点工夫。尚书夸道：“这就对啦，朝考无论大小，首要的是字体端庄，墨迹浓厚，点画工稳。若是书法一流，博得功名直如探囊取物！”那位门生正唯唯诺诺恭聆教诲，龚自珍却忍不住在隔壁鼓掌哂笑道：“翰林学问，不过如此！”这话出口，那位门生立刻犯窘，慌忙告辞，尚书则勃然大怒，将龚自珍狠狠地训斥了一番，叔侄间竟为此闹翻了脸。龚自珍却依然如故。后来，他干脆故意让女儿、媳妇、小妾、宠婢都日日临池，而且专练馆阁体。平常，若有人说到翰林如何如何了不起，他就会嗤之以鼻地挖苦道：“如今的翰林，还值得一提吗？我家的女流之辈，没有一人不可入翰林，不凭别的，单凭她们那手馆阁体的毛笔字，就绝对够格！”瞧，他这讽刺牢骚的话说得多滑稽，别人听了却不由联想到他本人书法不佳，不得入翰林，说不得是嫉妒之语，愈发认为此人非但狂傲不羁，还气量狭小。

40岁时，龚自珍无意间买到一本习字帖。这本字帖，他幼年时曾临摹过。看着熟悉的字，他酩酊大醉后挥毫写道：“余不好学书，不得志于今之宦海，蹉跎一生，回忆幼时晴窗弄墨一种光景，何不乞之塾师，早早学此？”这是对自己因为书法不合格而落选翰林院的直言控诉。第二天清晨酒醒，看见字帖上自己写的文字，龚自珍悲从中来，不禁嚎啕大哭。

放浪形骸之外的人，身上总难免会有长年改不掉的毛病。龚自珍平日身上不可有钱，有钱即随手而尽，花酒也没少吃，樗蒲之戏（赌博）也没少玩，差不多场场必输。所幸他诗名大，崇拜者不乏其人，借钱给他，似乎还嫌不够客气和义气，有人干脆送钱给他，索性将自己的快乐建立在这位名士的快乐之上。龚自珍嗜赌，多半化别人的钱，得自家的快活，如果真要他破财，他一早就倾家荡产了。令龚自珍最沉迷的赌戏是摇摊（即压宝），他经常吹牛说他能用数学公式解出大小输赢的概率，分毫不差。令人咋舌的是，他的“研究工作”竟做到了卧室里，帐顶画满一大堆数字，没事时，他就躺在床上，抬头琢磨那些数字的排列组合，从中探寻消长盈虚的消息。龚自珍不止一次吹嘘自己的赌术天下独步，了解他的人则清楚，其所谓独步天下的赌术，只不过是赵括那样的纸上谈兵，全无实际效果。

有一回，扬州某盐商家大排宴席，名流巨贾齐聚，酒过三巡，照例要开赌局。有位喜欢附庸风雅的王姓客人，是龚自珍的崇拜者，那天晚到，看见龚大诗人独自拂水弄花，昂首观云，一副萧然出尘之姿，便凑到跟前去搭讪：“您肯定不喜欢闹哄哄的场面，独自游园，可真是雅人深致啊！”龚自珍笑道：“陶靖节（渊明）种菊看山，哪里是他的本意，只不过无可奈何，才纵情山水之间，以寄托满怀忧郁。所以他的诗文越是旷达，就越是表明他不能忘怀世事。我拂水弄花，也是这种境况而已，没什么特别。”稍停，他又说：“今天的赌局，我早看得雪样分明，只因阮囊羞涩，才使英雄无用武之地。可惜世间没有豪杰之士，肯拿赌本给我去大博一场！”王君正愁没有进一步攀结龚自珍的契机，听他这样海侃神吹，还能不倾囊相助？两人联袂入局，赌小赌大，呼卢呼雉，转眼间，就连输五把，一千两银票顿时化为乌有。王姓客人多的是钱，倒没怎么着恼，龚自珍却气得嗷嗷直叫，一跺足，扬长而去。

作为有清一代的著名诗人，龚自珍创造性地继承和发展了中国诗歌史的两大优秀传统，形成了他富于独创性的多种风格，一扫清中叶以来的颓败诗风，使凡夫俗子、大清顺民为之目瞪口呆。从《诗经》、《乐府》开创而为杜甫、白居易、陆游、元好问继承发扬的“饥者歌其食，劳者歌其事”、“感于哀乐，缘事而发”的现实主义传统，给了龚自珍以更多的思想和精神上的营养；在艺术表现手法上，龚自珍则更多地借鉴了从《离骚》、《庄子》到陶渊明、李白、李贺、李商隐所传承光大的浪漫主义成就。

龚自珍写景咏物、怀旧赠答的诗篇同样以其思想的深刻，内容的充实给我们以鲜明的印象，从而与那些轻薄无行的文士、春风得意的官僚、承欢取宠的狎客、患得患失的庸人划清了界限。虽然如此，龚自珍诗歌中却不乏艳情之作，这与他的生活态度是分不开的。他对女性的欣赏，让他一生中有过许多短暂的情缘。是真名士自风流，龚自珍最知怜香惜玉。他收藏到一枚汉代美人赵飞燕的玉印，即视为藏室三大宝贝之一，赞不绝口。他见人起屋时用斧斤砍伐桃树、海棠，也不禁大动恻隐之心，立刻从刀下“救得人间薄命花”。他对同时代的美女、才女的呵爱就更不用说了。其中最为着名的，莫过于他与清代女词人顾太清的所谓情感纠葛。这一段情事，是清代最广为人知、最为人津津乐道的一段秘闻，称为“丁香花公案”。

这段公案，起源于龚自珍《已亥杂诗》中的一首。诗歌写道：

空山徒倚倦游身，
梦见城西阆苑春。
一骑传笺朱邸晚，
临风递与缟衣人。

篇末并自注云：忆宣武门内太平湖之丁香花一首。这里的“宣武门内太平湖”，指的是乾隆曾孙、宗室才子、贝勒奕绘的府邸；而“丁香花”、“缟衣人”，则被附会为奕绘的侧夫人顾太清。

奕绘不仅会做官，还特别爱才，家中自然是谈笑有鸿儒，往来无白丁。四十四岁时，龚自珍任职宗人府主事，是奕绘的下属部员，常去奕绘的府邸交差。奕绘从不把他当作下级看待，而是尊为上宾，随他在府中行走，时或与顾太清诗词唱和。奕绘和顾太清都能诗善文，与京中文人墨客过从甚密。人们认为这首诗表明顾太清与龚自珍之间存有暧昧之事。清末学者冒广生《读太素道人〈明善堂集〉感顾太清遗事辄书六绝句》首次将此事书之成文：“太平湖畔太平街，南谷春深葬夜来。人是倾城姓倾国，丁香花发一徘徊。”这起“丁香花公案”遂广为流传，赞同者有之，反对者有之，辟谣者有之。清末的曾朴曾将此事虚构一番，写入了小说《孽海花》的第三、四回，两人的所谓“情事”更是得以盛传。

龚自珍与顾太清的绯闻情事有个漂亮的名目——“丁香花公案”，龚自珍与顾太清一为当世才子，一为闻名才女，二人的情缘是真是幻，直到今日仍然争执不休。只是，这件事对两位当事人的一生影响深远。顾太清被逐出王府，从此流落市井。

道光十九年（1839年）四月二十三日傍晚，久任京官的龚自珍突然辞职南行，“不携眷属，独雇两车，以一车自载，一车载文集百卷，夷然傲然，愤而离京。”他自谓出走理由是“罡风力大簸春魂”，意思是高空的强劲风力簸荡春魂，使之惊恐不安，借喻仕途凶险。龚自珍孤身逃往江东，路费不足，只好到处蹭饭，好在他文名大，朋友多，还不至于吃闭门羹。其《己亥杂诗》中有句“侥幸故人仍满眼，猖狂乞食过江淮”，即描写这段不堪回首的经历。道光十九年（1839年），龚自珍也辞官回乡。他匆忙离开京师之后，对进京心有余悸，曾遣仆人入京迎接家眷，自己并不亲往。两年后的八月廿十，龚自珍暴病而卒，年仅五十岁。

诗词成就，名篇选析

龚自珍的个性，自尊自信，傲岸不羁，颇似李白，而又多一层" 横霸" 之气。他平视一切，常常几乎是站在与现实统治对等的立场上指手画脚。这自然不为当时社会所容，被视为狂怪。吴中名儒王芑孙针对他

"病一世人乐为乡愿"的激烈态度，劝戒他不要作"怪魁"："乡愿犹足以自存，怪魁将何所自处?"然而正是这远远超出庸俗士夫之上而不容于封建之世的" 怪魁"，显示出了龚自珍的真实面貌与价值。

龚自珍也是首开近代新诗风的最杰出的诗人。他自称"精严"的少作大都佚失，今存的六百多首诗，主要是30岁以后的作品，同样堪称"精严"。他的诗与散文一样，紧紧围绕现实政治这个中心，或批判，或抒慨，富有社会历史内容，为有清一代所罕见，一新诗坛面貌。龚自珍以深邃的史识为诗，撕下"盛世"的面纱，把清王朝统治的腐朽本质及其没落形势，清晰地揭示给人们，特别具有警世、醒世和惊世的力量。

他的许多诗既是抒情，又是议论，但不涉事实，议论亦不具体，而只是把现实的普遍《己亥杂诗》现象，提到社会历史的高度，提出问题，抒发感慨，表示态度和愿望。他以政论作诗，但并不抽象议论，也不散文化。

在他的诗中，"月怒"、"花影怒"、"太行怒"、"太行飞"、"爪怒"、"灵气怒"等等，常见的景物变得虎虎有生气，动人耳目，唤起不寻常的想象。又如《西郊落花歌》描写落花，使引起伤感的衰败的景物，变为无比壮丽的景象，更高出寻常的想象之外。"落红不是无情物，化作春泥更护花"（《己亥杂诗》），则从衰败中看出新生。"天命虽秋肃，其人春气融"（《自春徂秋，偶有所触，得十五首》），从没落的时代中，也看到新生的一面。

实际他写得多的还是五七言"古体律诗"，七言的"近体诗"，而以七言绝句为大宗。一般趋向是不受格律的束缚，自由运用，冲口而出。这也以七言绝句表现得最突出。

《己亥杂诗》是清代诗人龚自珍创作的一组诗集。己亥为清道光十九年，这一年作者48岁，因厌恶仕途，辞官离京返杭，后因迎接眷属，又往返一次。在往返京杭的途中，共写了315首七绝，总题《己亥杂诗》，是一组自叙诗，写了平生出处、著述、交游等，题材极为广泛，其中第5首及第220首被中国中小学语文课本收录。

比如《己亥杂诗》：

浩荡离愁白日斜，吟鞭东指即天涯。
落红不是无情物，化作春泥更护花。

“化作春泥更护花。”此句表明作者造福人类为国效力的高贵品质。后人又常用此句表达前辈对后辈的爱护。

浩浩荡荡的离别愁绪向着日落西斜的远处延伸，马鞭向东举起这一起身，从此就是天涯海角了。我辞官归乡，有如从枝头上掉下来的落花，但它却不是无情之物，化成了泥土，还能起着培育下一代的作用。

这首诗是《己亥杂诗》的第五首，写诗人离京的感受。虽然载着“浩荡离愁”，却表示仍然要为国为民尽自己最后一份心力。诗的前两句抒情叙事，在无限感慨中表现出豪放洒脱的气概。一方面，离别是忧伤的，毕竟自己寓居京城多年，故友如云，往事如烟；另一方面，离别是轻松愉快的，毕竟自己逃出了令人桎梏的樊笼，可以回到外面的世界里另有一番作为。这样，离别的愁绪就和回归的喜悦交织在一起，既有“浩荡离愁”，又有“吟鞭东指”；既有白日西斜，又有广阔天涯。这两个画面相反相成，互为映衬，是诗人当日心境的真实写照。诗的后两句以落花为喻，表明自己的心志，在形象的比喻中，自然而然地融入议论。“化作春泥更护花”，诗人是这样说的，也是这样做的。鸦片战争爆发后，他多次给驻防上海的江西巡抚梁章钜写信，商讨国事，并希望参加他的幕府，献计献策。可惜诗人不久就死在丹阳书院（年仅50岁），无从实现他的社会理想了，令人叹惋。

“落红不是无情物，化作春泥更护花”诗人笔锋一转，由抒发离别之情转入抒发报国之志。并反用陆游的词“零落成泥碾作尘，只有香如故。”落红，本指脱离花枝的花，但是，并不是没有感情的东西，即使化做春泥，也甘愿培育美丽的春花成长。不为独香，而为护花。表现诗人虽然脱离官场，但依然关心着国家的命运，不忘报国之志，充分表达诗人的壮怀，成为传世名句。

这首小诗将政治抱负和个人志向融为一体，将抒情和议论有机结合，形象地表达了诗人复杂的情感。龚自珍论诗曾说“诗与人为一，人外无诗，诗外无人”（《书汤海秋诗集后》），他自己的创作就是最好的证明。

《已亥杂诗》

九州生气恃风雷，万马齐喑究可哀。

我劝天公重抖擞，不拘一格降人才。

只有风雷激荡般的巨大力量才能使中国大地发出勃勃生气，然而朝野臣民噤口不言终究是一种悲哀。我奉劝天帝能重新振作精神，不要拘守一定规格降下更多的人才。

这是一首出色的政治诗。全诗层次清晰，共分三个层次：第一层，写了万马齐喑，朝野噤声的死气沉沉的现实社会。第二层，作者指出了要改变这种沉闷，腐朽的观状，就必须依靠风雷激荡般的巨大力量。暗喻必须经历波澜壮阔的社会变革才能使中国变得生机勃勃。第三层，作者认为这样的力量来源于人材，而朝庭所应该做的就是破格荐用人材，只有这样，中国才有希望。诗中选用“九州”、“风雷”、“万马”、“天公”这样的具有壮伟特征的主观意象，寓意深刻，气势磅礴。

诗的前两句用了两个比喻，写出了诗人对当时中国形势的看法。“万马齐喑”比喻在腐朽、残酷的反动统治下，思想被禁锢，人才被扼杀，到处是昏沉、庸俗、愚昧，一片死寂、令人窒息的现实状况。“风雷”比喻新兴的社会力量，比喻尖锐猛烈的改革。从大处着眼、整体着眼、大气磅礴、雄浑深邃的艺术境界。诗的后两句，“我劝天公重抖擞，不拘一格降人才”是传诵的名句。诗人用奇特的想象表现了他热烈的希望，他期待着优秀杰出人物的涌现，期待着改革大势形成新的“风雷”、新的生机，一扫笼罩九州的沉闷和迟滞的局面，既揭露矛盾、批判现实，更憧憬未来、充满理想。它独辟奇境，别开生面，呼唤着变革，呼唤未来。

解读顾太清——顾太清咏花词词风的变迁

顾太清诗词俱佳，然词作更负盛名，她的词集《东海渔歌》三百多篇，最引人注意的则是咏花之作，其中吟咏最多的为梅花和海棠，明确点题的就有五十多首；荷花、菊花、牡丹与桃花也有不小的篇幅，水仙、梨花、桂花、茉莉、兰花等虽然只有零散几篇，但从这些日常花卉中依然能看出太清的日常生活情趣。或以花明志，或借花抒情，太清笔下的花伴随了她跌宕起伏的一生。

海棠花是我国的传统名花之一，素有“国艳”之誉。它花姿潇洒，花开似锦，自古以来就是雅俗共赏的名花，素有“花中神仙”、“花贵妃”之称。同样，梅花也以其冰清玉洁的品格，傲霜斗雪的精神，暗香盈袖的气韵，素艳高雅的风姿吸引着历代文人墨客。这也是顾太清所欣赏的地方，她的咏花词往往通过形来写神，写得惟妙惟肖，形神俱成。更为突出的是，顾太清在这两种花中寄寓着自己的形象，它们共同代言了顾太清的一生，也最终成就了顾太清独具特色的“醇厚”词风。

顾太清与奕绘贝勒的婚姻，正如张璋所道“太清同太素是在经过长期恋爱基础上而结的婚，是在坚定不移排除各种压力之下而结的婚，是在违反皇家规定，冒着伪报宗人府之险的情况下而结的婚。他们婚姻的结合来之不易，何其可贵！”故其与奕绘婚后的生活，是古代妇女中少有的理想婚姻。他们夫唱妇随，琴瑟和谐，所以，她的词中有着一般深藏闺阁的女诗人所没有的放逸情思、开阔视野以及明朗清新的格调。

如《海棠春. 海棠》：

扶头怯怯娇如滴，照银烛，千金一刻。叶补翠云裘，花缀胭脂色。

华清浴罢疑无力，更生受、东君护惜。亭北牡丹花，试问谁倾国。

这是一首咏海棠花的词，用了很多拟人化的手法。上片说它“扶头怯怯娇如滴”，似少女般的娇美。下片仍以美丽少女来拟花，做了迴环反复的赞赏。说它的姿态如新浴后的杨贵妃那样娇弱无力，生受着东风的关爱和保护。最后设问，它与牡丹相比，到底谁更美呢？牡丹称花中之王，提出以花中之王与此处的海棠花相比美，可知在词人笔下海棠确实是集千万宠爱于一身的，此时海棠所受的关爱正如词人所拥有的宠爱一般。

再如《江城子. 记梦》写得有声有色，令人如见其景，如闻其香，堪称顾太清词的代表作：

烟笼寒水月笼沙，泛灵槎，访仙家。一路清溪双桨破烟划。才过小桥风景变，明月下，见梅花。

梅花万树影交加，山之涯，水之涯。淡宕湖天韶秀总堪夸。我欲游遍香雪海，惊梦醒，怨啼鸦。

此词是一段江南梅花林梦境的记述性描绘，是她心灵世界的艺术外化。全词梦境朦胧素淡，画面中心梅花万树交加，没有敷施艳丽色彩，在江南韶光秀色之中，更显出梅花冰清玉洁的仙态：纯洁、高雅。可以说，这里的梅花是作者自己高雅娴淑气质的化身，作者把自己融入了江南的美景之中，宛若梅花仙子。

道光十八年（1838）七月七日，奕绘病逝，顾太清四十岁。丈夫英年去世，给顾太清感情上的打击非常大，不料又因家庭变故突起，她被迫离开荣府，且没有分得一点钱财，不得不靠变卖自己的首饰，买了一所住宅，带着自己所生的尚未成年的二子二女独自生活。在太清来说，丈夫尸骨未寒，又连遭此打击，无疑是雪上加霜。在经历了年少的生活挤压和（罪人）身份带来的不便，青年的美好婚姻和富贵优裕的生活后，顾太清对自己的丧夫之痛和人情冷暖有着不同于其他女性词人的更加深刻地体味。此时的海棠花和梅花代表那个坚强的顾太清，她已由娇柔走向强大，逐步从伤痛中摆脱出来，开始了后半生的新生活，成为傲霜之花。

如《柳梢青．题〈寒月疏梅图〉》为顾太清夫亡后次年写成：

老干横斜，一枝初放，低护檐牙。雪后黄昏，吹来何处，怨笛哀笳。冰姿不同凡葩。照流水、清心自夸。冷澹花光，朦胧月影，深院谁家？

画境中，老干横斜、低户檐牙的月下梅，在顾太清的词境中，成了清虚脱俗品格的形象化写照。笛声幽怨，笳声凄悲。这一枝寒月中的疏梅，把词人带到了北方广袤的边塞。她傲然挺立在万花纷谢之时，高洁的情怀，孤高不俗，娴雅清绝。可以说，词人在自我欣赏中作了尽情表现，词中无不得意之情。这与此时顾太清的生活境况有关，一年的寡居生活，耳闻目睹世态炎凉，故有大彻大悟之感，“她没有像那些与世隔绝的不幸女子一样，把自己封闭到幽寂的精神空间里去体验灰飞烟灭的幻灭感，她基本上保持着对世界的亲善和关怀”。

再看这首《钗头凤·秋海棠》：

清清露。涓涓注。嫩红细点黄心吐。花如泪。叶如翠。
花花叶叶，一般酸味。记。记。记。

虫声诉。西风妒。秋来更向谁分付。闲愁积。人不寐。
半规残月，凉生绣被。睡。睡。睡。

这首《钗头凤》读来令人想起陆游与唐婉的《钗头凤》，更让人联想到陆游与唐婉的爱情悲剧。而顾太清虽与丈夫历经艰辛终成眷属，但丈夫的早早离世，使顾太清体会到爱侣失去痛不欲生的生活，此词充满了哀痛和心伤。海棠虽美却无人赏识，花团锦簇的繁华只让词人更加深刻地感受到自己的孤独 & 寂寞。

从她的另一首咏白海棠词《玉烛新．咏白海棠，用周清真韵》也可略知一二：

初晴新雨后，乍洗褪胭脂，缟衣妆就。东风倦倚，憨憨态、不管敲残更漏。嫩寒天气，正睡稳、乌衣时候。深夜静、银烛高烧，微香暗侵襟袖。

盈盈一点芳心，占多少春光，问卿知否？红妆莫斗，谁得似、静骨天然清瘦，神娟韵秀，雅称个、花仙为首。还要倩、流水高山，花前慢奏。

此词题为咏白海棠，实则借咏花来抒写对美好情志的追求。上阕描述海棠的形态，赞海棠憨态可掬，又微香沁人；下阕是花与人的互动，问花儿能占有春光几许，在百花园中唯独偏爱海棠的净骨与天然，并引以为知己。将女子的俏皮可爱与高洁志向在人与花的互动中表露无余。可以这样说，素洁高雅的白海棠，就是词人自己。

第六章

作遗妃，红颜女子多薄命

她嫁给了贝勒奕绘为侧室，夫妻皆非尘世俗人，可谓鸾凤和鸣。凭着贝勒王爵的优越条件，他们生计无虑，又能看穿名利之累，于是常常寄情山水，和唱诗词。可惜好景无常，很快顾太清开始了她的另一种艰苦生活。

逐出府邸，天上人间

前文说到，鄂尔泰的孙女、顾太清的堂姐，是乾隆皇帝第五子荣亲王永琪的妻子。因为有这层亲戚关系，顾太清经常出入荣王府。永琪的孙子奕绘博学多才，尤精于诗词。他与顾太清同岁，二人情投意合，经常一起吟诗填词，爱情之花终于绽放了。

可是，这对有情人要成眷属，却遭到了重重障碍。首先，奕绘已经成亲。幸而奕绘的妻子妙华夫人对顾太清持接纳的态度，而顾太清也心甘情愿给奕绘为妾。第二，也是最严重的障碍，顾太清是罪人的孙女，宗人府直至皇帝都不会批准她嫁入荣王府。对此，奕绘颇费周折，在王府护卫顾文星的帮助下，方才如愿。

为了自己能够顺利嫁入荣王府，太清只好改姓以瞒过宗人府。太清于是假冒顾文星之女，以顾太清的名义上报宗人府，结果顺利地得到批准，道光四年（1824）成为了奕绘的侧室。

从小颠沛流离、饱尝贫困之苦，让顾太清学会了如何与人打交道，因此她很会做人，进入荣王府后，她与奕绘的正室妙华夫人相处得十分融洽，时时尊重、处处礼让，这让奕绘省去不少的麻烦。道光十年（1830）七月，妙华夫人病逝。太清十分悲痛，她亲自参与了大夫人的后事，从殡葬仪式到墓地选择，头七、四九的祭奠，事无巨细安排得妥妥贴贴，正室侧室做到这个份儿上，让人感叹这太清还真有大家闺秀的气度。妙华夫人去世后，奕绘再也没有续娶妻子，而且也没有置妾，身边只有太清一人，朝夕相守，两情一心，相濡以沫了十年。奕绘也是一个喜欢舞文弄墨之人，他与太清志趣相同，除喜欢做画，也酷爱收藏，两人的日子过得十分的惬意。

顾太清同妙华夫人所遗两女关系甚好，不但有抚育教养之恩，并且为之作画赠诗，及至她们出嫁而奕绘去世后太清还屡去探望。妙华夫人所出次子 1 岁即夭折，长子载钧此时 21 岁，袭爵为贝子，此后主掌府邸 19 年。据现有资料来看，这位新晋贝子与太清关系很不好，矛盾冲突激烈到不顾及外人物议的地步。另外还有太清的婆母也即荣王府老太君，“罪臣之后”始终是梗在老太君喉咙里的一根刺，王府对此遮掩多年，直到太清的外孙文中言及于此还用的太清伪托身份——可以想见的是，奕绘生前也还罢了，爱屋及乌，而奕绘一旦不在，老太君对太清的情分也就休矣，更不用说压制载钧护佑太清了。

奕绘于七月间病故，3 个月后太清即被赶出府邸，连同她亲生的两儿两女——四个孩子尚未成年，最大的载钊也才 13 岁。太清有两诗实录此事。

道光十八年七月七日，奕绘病逝。太清时年 40 岁，生活发生了一大转折。顾太清尚未从丧夫之痛中解脱出来，一个沉重的打击又接踵而至。

十月二十八日，距奕绘逝世仅一百多天，顾太清便被婆婆、奕绘的生母王佳氏逐出家门，“奉堂上命，携钊、初两儿，叔文、以文两女，移居邸外，无所栖迟，卖金凤钗，购得住宅一区”，聊以安身。而奕绘的大儿子载钧，妙华夫人所生，横暴不仁，连父亲的陵园都不经意，对顾太清这个“庶母”及太清所生的子女，就更不放在眼中了。

自先夫子薨逝后，意不为诗。冬窗检点遗稿，卷中诗多唱和。触目感怀，结习难忘，遂赋数字。非敢有所怨，聊记予生之不幸也，兼示钊、初两儿昏昏天欲雪，围炉坐南荣。

开卷读遗编，痛极不成声。

况此衰病身，泪多眼不明。仙人自登仙，飘然归玉京。

有儿性痴顽，有女年尚婴。斗粟与尺布，有所不能行。

陋巷数椽屋，何异空谷情。呜呜儿女啼，哀哀摇心旌。

儿欲殉泉下，此身不敢轻。贱妾岂自惜，为君教儿成。

诗下有注，斯时母子们无处可去，在西城养马营租赁了几间屋子，暂时安置下来，这就是“陋巷数椽屋”。儿性痴顽，女尚年幼，陋巷旧屋里只有哀哀啼哭之声，这雪上加霜的悲恸几乎要压倒太清，使她几次动了寻死之念，然终究不敢自弃，靠着对已故奕绘的追念和对儿女的责任感，以“为君教儿成”的意志勉力支撑下来。

“斗粟与尺布”，典出《史记》中淮南厉王刘长的故事。刘长是汉文帝之弟，因谋反事败，被徙蜀郡，在路上绝食而死。民间为之作歌曰：“一尺布，尚可缝。一斗粟，尚可舂。兄弟二人，不能相容。”“斗粟尺布”遂成一典，指兄弟间因利害冲突而不能相容。太清诗中用此典故，明里似乎是说生计艰难，实则暗指贝子载钧容不下自己的异母兄弟。

对这段艰难的生活，太清另有一首诗：

七月七日先夫子弃世，十月二十八奉堂上命，携钊、初两儿，叔文、以文两女，移居邸外，无所栖迟，卖金凤钗购得住宅一区，赋诗以纪之。

仙人已化云间鹤，华表何年一再回？

亡肉含冤谁代雪？牵萝补屋自应该。

已看凤翅凌风去，剩有花光照眼来。

兀坐不堪思往事，九回肠断寸心哀。

诗题中“十月二十八”点明时间，“奉堂上命”点明下驱逐令者是她的婆婆。当然，嫡子和庶母关系再恶，有老太君在，依照规矩还是最妥当的发布者。太清携子女狼狈出府，仓惶之态可想而知，大约先是临时租赁，后是卖首饰购屋。以今人今时眼光去看，“卖金凤钗购得住宅一区”，要么是当时北京房价低廉无泡沫，要么是那金凤钗价值极高，但就当日太清母子处境而言，王室宗族的遗孀与后裔沦落至此，也的确够凄凉的。

“亡肉含冤”也是借典言事，指向的却是太清的婆婆。《汉书·蒯通传》里说，有一家人夜里丢了肉，婆婆以为是儿媳所盗，怒而逐之。儿媳早晨离开时，向邻家母告别，邻母得知原委后说：“安心去吧，我今天必令你家人去追你回来。”随即拿着旧絮缠成的火把到丢肉那家去借火，嘴里道：“昨晚有狗得肉，两狗争抢，特来借火烹制。”如此一来，那个儿媳便冤情得雪了。太清无有这样一个智慧的邻母，只能空问“亡肉含冤谁代雪”，并挪东补西勉强度日，如杜甫《佳人》诗里那种境地：“侍婢卖珠回，牵萝补茅屋。”

两首诗各有所指，基本道出被逐的主要原因。

孤儿寡母的困苦，加上世态的炎凉，使顾太清陷入到深深的痛苦之中，甚至多次想到自杀，只是考虑到儿女尚未成人，不能辜负丈夫的重托，才忍辱负重，勉强支撑下来。

不管顾太清被逐出家门的原因是婆媳不和、兄弟反目，抑或是绯闻，结果都是一样的，那就是被逐出家门的顾太清不仅生活困苦，而且精神更痛苦，甚至数次想到了自杀。顾太清正因为处在此种情境之中，所以中晚年时期的诗词，哀挽丈夫的特别多。“肠断空有恨，难寄到君前”（《已亥生日哭先夫子》）、“林泉已遂高人志，俎豆难除寡妇情。近日忧劳成疾病，经年魂梦却分明。伤心怕对闲花柳，泪洒东风不欲生”（《已亥清明》），这些诗词真是刺骨之痛，无以复加。

民国时期的清史学者孟森（1869–1937），对明清人物活动的研究多具灼见明识。如明朝建文、朱三太子等及“太后下嫁”、“顺治出家”、“雍正承统”及董小宛、顾眉（横波夫人）、孔四贞、香妃、顾太清（丁香花）五个女性的著述文字，皆具有时代人事的重要意义，非一时兴致漫然拿笔之作。他对五个有涉历史的女性的考证，考实释疑，还其本真，为后人所赞。其中《丁香花》一文，就是专讲顾太清事，暂且将其中涉及太清在奕绘死后生活的部分摘录如下，以飨读者。

太清之出邸，亦非流离失所也，太清生三子四女：长女孟文，行二，早适超勇亲王车登巴咱尔。道光乙未太清三十七岁时，即有《送二女孟文郡君往察哈尔避暑》诗，则其出阁必更在以前。《集》中《出邸》一诗，题云：“奉堂上命，携钊、初两儿，叔文、以文两女，移居邸外，无所栖迟，卖金凤钗，购得住宅一区，赋诗以记之。”载钊系太清长子，行五。载初系太清次子，行八。载同殇，行九。次女仲文，行四，适一等子博昌，出嫁亦在前，道光丙申，太清三十八岁时，有《上远前一日同夫子携载钊、载初两儿，叔文、以文两女，游白云观，过天宁寺看花，作一诗》，仲文已不在内。出邸时所携子女，亦无仲文。至辛丑十二月十八日《钊儿娶妇，喜而有感》诗中“门阑多喜婿乘龙”句下，始载“二女孟文适超勇亲王车登巴咱尔，四女仲文适一等子博昌，六女叔文许字承恩公崇端”云云。叔文名载通，第四女以文名载道，行七。载通、载道之名，见《集》中。

《辛丑七夕，先夫子下世三周年矣。率六女载通、七女载道、八儿载初，恭谒南谷，因五儿载钊有差，未克同来。晨起，同通儿清风阁看初日有感》诗，有“当年旧句难忘却”之句，自注：“丙申春，同先夫子清风阁晓望，有‘高阁延朝日，晨妆对远山’之句，可胜今昔之感。”载钊娶于栋鄂氏，少年风雅有父风。妇秀塘，亦能诗。

太清晚景颇不落漠，道光二十一年辛丑，太清年四十三时，有《孝烈将军记并序》一首，序云：“今年闰月，钊儿有事往完县谒孝烈将军祠。见有元明碑欲拓之，苦无其器，遂向村叟讨得破毡帽，自拓成，携归，既喜且感。喜者，五儿所好颇类其父；感者，先夫子平生好古更兼考据，精详未得见此”云云。又《万松涵月歌并序》一首，序云：“五儿载钊今年有事往完县，见粮店中有石缸盖，问其值，乃二百五十文，遂以茶叶五斤易之，主人靳某，欢然相赠，载归献予。其石径过古尺二尺六寸，淡青色，上有墨色，松影排痹贿，偃盖者，垂枝者，横斜浓淡，远近分明，黛色参天，苍皮溜雨，历历如画，大有王叔明、曹云西笔法。锡名曰‘万松涵月’，镌于其上，即命工人斫木以为架，遂作此歌”云云。是儿颇不恶，计其年止十七耳，而好尚如是，娱亲之道如是，夫何间然！钊以辛丑三月二十四日，奉差往完县查勘地亩。是年为闰三月，至七月初九始返。七月初九又为钊生日，俱见《集》中。

又其出邸，亦非告绝于姑。道光二十年庚子诗《十月七日先夫子服阕，因太夫人抱病，未果亲往，谨遣载钊恭诣南谷，痛成六绝句》，中多亲老子幼之词，妇姑之间恩意自在。不过因载钧与钊、初辈兄弟不相容，挟其祖母以为难，避居邸外免勃 耳。獒居不废吟咏，南中士大夫阮、许诸家眷属，恒以诗词相赠答，亦颇与文宴其间。谓有人仇定公至谋毒毙，定公自己亥出都，至壬寅殁于丹阳署，据言者谓皆以丁香花案为累，至接眷不敢入都，易箦不能正命，事迹殊枘凿。其不肯再入国门，定公清兴所至，原难以常理论，但观其出都时并非狼狈。以己亥四月二十三日行，不携眷属亻兼从，雇两车，以一车自载，一车载文集百卷，石屏朱丹木为治装，始成行。当时与诸公别诗，多至十有八首，所别者数十百人。如《别己丑同年》则云："同年留京者五十一人，匆匆难遍别，八君及握手一别者也。"诗曰："五十一人皆好我，八公送别益情亲。他年卧听除书罢，冉冉修名独怆神。"其《与宗室诸公别也》一则，别镇国公容斋居士，自注："居士睿亲王子，名裕恩，好读内典，遍识额讷特珂克、西藏、西洋、蒙古、回部及满、汉字，又校定《全藏凡经》。有新旧数译者皆访得之。或校归一是，或两存之，或三存之。自经典入震旦以来，未曾有也。"诗曰："龙猛当年入海初，娑婆曾否有仓亻去。只今旷劫重生后，尚识人间七体书。"又有《别共事诸宗室》，诗曰："联步朝天笑语馨，佩声耳畔尚泠泠。遥知下界觇乾象，此夕银潢少客星。"似此则从容出都，与人无忤，安有如世之所传避仇出走情事？宗室尤多相契，可知蜚语之无因。唯《汤海秋诗后集》有《赠朱丹木》，绝句云："苦忆龚仪部，筵前赋白头。"自注："往时丹木入都，值定庵舍人忤其长官，赋《归去来》，今舍人已下世矣"云云，则定公因忤长官而去，有明征也。其行又以尊人暗斋先生年逾七旬，从父文恭公适任礼部堂上官，例当引避，乃乞归养耳。

太素子女九人，太清所出者七。其余二人，《集》中亦俱可考。盖合子女而计行第，尚有长与三两儿，当为正室妙华夫人所出。长载钧，即袭职者，三载钦，亦以痘殇，已见前。据冒氏校《太清集》附注，载钧袭贝子，后无子，其嗣子溥楣，袭奉恩镇国公。以宗系论，载钧嗣子当仍是钊、初等之子。载钧别无同出之兄弟成丁而有子者，则太素世爵当仍为太清诸孙所袭也。《太清集》名《天游阁》，此阁系邸中一处，当是属太清燕息之所，《集》中有《丙申夏至同夫子登天游阁》诗可证。其在邸内决非后来养马营赁宅中物。壬寅，又有《谷雨日同社诸友集天游阁看海棠，庭中花为风吹损，只妙香室所藏二盆尚娇艳怡人，遂以为题，各赋七言四绝句》一题，时在太素殁后四年，宴集仍在邸中，合之前一年庚子诗所云"太素服阕之曰，以太夫人病未亲诣南谷"，可知姑妇之间猜嫌旋释，其复归邸中不知在何时。

《集》中"庚子七月二十一日，南谷守兵报室顶为山水倾陷。当初设立护卫一员办理山田事务，自载钧承袭后撤回，惟留兵丁五人而已。今伊所信用者多负贩厨役等，赏赐无节，皆谄媚小人，不谙大事。虽有旧臣数人，略有规谏者，轻则罚俸，重则斥革，终曰昏昏，惑于群小，故祭祀笾豆之事，置之不问，无奈钊、初两儿皆在幼年，衣食尚不给，况于修葺乎？思量及此，五内焦灼，得不痛哉"云云。似此时尚未复归于邸，自后即无诋载钧之语。至十月间，有侍太夫人病之言，意姑病而家难亦纾乎？《壬寅元曰试笔诗》注："国朝定制，王公子弟十八岁行冠礼，钊儿生于乙酉，本年元曰受二品顶戴。"盖载钊于上年十二月十八曰已娶妇，至是冠而章服，太清是年四十四岁也。历考《集》中，太清晚景大略如是。

这样的苦日子，太清熬了近二十年。后来，她的亲生儿子载钊长大成人，授了爵位，家庭生活才好转。顾太清 59 岁时，奕绘与妙华所生长子载钧病逝，无子，由载钊长子溥楣继嗣，袭镇国公，顾太清和子女迁回荣府官邸。顾太清晚年身体多病，双目失明，但始终不废吟咏。光绪三年十一月初三日，顾太清病逝，享年 79 岁。葬于房山之荣府南谷别墅，在今北京市房山区之上万村附近。

苦中作乐，不忘吟咏

40 岁的顾太清携子女搬出贝勒府，因为无处可去，在西城养马营租了几间破旧的屋子，暂时安置自己和一双可怜的儿女居住。即为“移居西城养马营，赁屋数间暂居”。后因居无定所，她只好卖掉金凤钗等购住房一处。当时生活十分困难，连斗米尺布的生活都难以维持。太清此时曾写《仙人已化云间鹤》诗悼念丈夫，序中写：“七月七日先夫子弃世，十月二十八日奉堂上命，携钊、初两儿，叔文、以文两女，移居邸外，无所栖迟，卖金凤钗，购得住宅一区，赋诗以记之。”

从富丽堂皇的贝勒府，顿然流落到风雨难敞的旧屋，还有那躲不开的鄙夷和讥讽，顾太清彻底失去了生活的信心。意欲一死追夫而去，那是何等的轻松痛快，可看着一双眼巴巴地望着自己的儿女，只有忍辱耐贫地活下去，有泪也只能向诗中诉说。

陋巷数椽屋，何异空谷情。

呜呜儿女啼，哀哀摇心旌。

几欲殉泉下，此身不敢轻。

贱妾岂自惜，为君教儿成。

一场无中生有的“丁香花公案”，无端地把顾太清抛到了生命的最底层。一次失夫，一次受冤，她已是万念俱灰，只把希望寄托在一双儿女身上，勉力完成“化作春泥更护花”的使命。

渐渐地，太清的心在清贫的生活中得到了超脱，能够淡然地对待一切苦难，无大喜无大悲，只要心定气闲，富贵和清贫也并无太多大的区别。这种心境全在她的一首诗里。

一番磨炼一重关，悟到无生心自闲。

探得真源何所论，繁枝乱叶尽须删。

坎坷不平的生活道路，在民间的清贫困苦的生活，反而激发了顾太清的文学才华，使她成为诗词皆精的女文学家。

对世间一切，太清都有着极敏慧细腻的感觉，她以女性、以母亲、以文人的心，体察人间的万事万物，因此常常能把极平常的日常生活细节和景致写得极富意趣。如《迎春乐·乙未新正四日看钊儿等采茵蔯》写道：

东风近日来多少？早又见蜂儿了。

纸鸢几朵浮天杪，点染出晴如扫。

暖处有星星细草，看群儿绿阶寻绕，采采茵蔯芣苢，提个篮儿小。

这首诗以清新自然、轻快活泼的语言，描写小儿采集野菜的愉快欢乐与春天的日丽晴暖景象，而《诗经》中的“芣苢”一词也赋予这种日常生活场景以悠远的古意。

再看另一首《惜分钗·看童子抖空中》：

春将至，晴天气，消闲坐看儿童戏。偕天风，鼓其中。结采为绳，节竹为筒。空！空！

人间事，观愚智，大都制器存深意。理无穷，事无终，实则能鸣，虚则能容。冲！冲！

还有一首《鹧鸪天·傀儡》云：

傀儡当场任所为，讹传故事惑痴儿。李唐赵宋皆无考，妙在妖魔变化奇。

驾赤豹，从文狸，衣冠楚楚假威仪。下场高挂成何用，刻木牵丝此一时。

在观察儿童游戏中也能体悟哲理，由此可见她女性文人特有的察微知著、睿智深邃的心志特征。

值得一提的是，太清晚年还自署“云槎外史”之名，著作小说《红楼梦影》，其文采见识，非同凡响。使她成为中国小说史上第一位女性小说家，在中国文学史、满族文学史上都占有了光辉的一页。

风水轮流转。20 年后，奕绘与妙华所生长子载钧病逝，因为没有子嗣，贝勒府把太清的孙子溥楣过继为嗣，袭镇国公，以继承家业。这样，59 岁的顾太清和子女又得以荣归贝勒府，颐养天年。顾太清晚年身体多病，双目失明，但始终不废吟咏。光绪年间以 79 岁高寿而善终。葬于房山之荣府南谷奕绘之侧。

断肠空有恨，难寄到君前

载钧对太清的嫉恨之深，不独延及兄弟，还延及亡父，行事中多有与父亲相违，甚至依家庭伦理看是不敬之处。

太平湖府邸西门前，道光十三年曾有雷击槐树，焦土深丈余，下出泉水，奕绘凿之为一口井，还作《雷泉诗》记之，载钧主事后却命人将井填平。

南谷陵寝地，奕绘当年耗时五载营建，与太清母子在这里盘桓游玩，相当于王府别业，留下许多美好生活的印记。但载钧有心损毁，奕绘与太清曾经留宿的清风阁，他不肯留给庶母作念记，而是延请番僧作了祓除法场。奕绘在时精心修造的大槐宫、平安精舍，则被直接毁掉，散一地碎瓦零砖，任骡马随意践踏。太清携子女去南谷祭奠，见此情景，不胜悲哀，却又无力阻止，只能是“绕墓诸雏啼血泪，断肠寡妇奠椒浆”。

道光二十年，奕绘两周年祭之后，有南谷守兵来报，说奕绘陵墓的宝顶为山洪冲陷，太清作诗，在序中云：奕绘当初设立南谷护卫办理事务，载钧承袭后撤回，只留下兵丁五人。而载钧身边所信用者皆谄媚小人，不谙大事，有奕绘旧臣略加规谏者，轻则罚俸禄，重则革职务，故而祭祀类事置之不问。自己的两个儿子皆在幼年，衣食尚不能自给，何况修葺陵墓事？“思量及此，五内焦灼，得不痛哉！”

另有一事，可见出载钧绝情之甚，全不念亡父旧情。

道光二十年年底，奕绘生母、太清的婆母、荣郡王王佳太福晋去世，到道光二十一年正月十一是断七之期。初十，太清率子女到南谷殡宫致祭，到时已近黄昏。载钧事先传谕说：守护官员及厨役等，初十日不许举火。深山中虽有村店，但时当新年，便是饼饵之类也无处买到，太清母子们又冷又饿。有一个守灵老仆妇熊妪，深为抱不平，置办了菜羹粟饭，太清等才得进食。太清感念，为之填词，词序中如实记录。

匹夫无罪，怀璧其罪，奕绘昔日对太清深挚的爱，便是如今太清被嫉恨的苦之源。她既悲亡人，又悲子女，还得操心生计，流下了太多的泪，如前边诗歌所言“泪多眼不明”，由此染上眼疾，到晚年双目失明，靠口授、请人代记来创作诗词。

然则，斯人已逝，断肠有恨也难寄与奕绘知，生和死的障壁比之其他一切更让人痛切。正如以下这首诗：

《已亥生日哭先夫子》：

虚室东风冷，幽居泻泪泉。
去年同宴乐，此日隔人天。
生死原如幻，浮休岂望仙。
断肠空有恨，难寄到君前。

解读顾太清——顾太清诗中的梦幻思想

太清婚前所作的《子春集》今已亡佚，我们所能看到的《天游阁诗集》与奕绘的《明善堂文集》相对，写于太清婚后。也许因为政治上的避讳，对于早年的经历，太清现存的诗中并没有详细的记叙，即使偶有涉及也写得极其隐晦。但是遭遇了家庭变故（胡中藻文字狱）和少年时期辗转不定的生活后，太清对人生、对世事有自己独特的感触和体会，这种体会就是人生如梦。“梦幻是作者对生活的总体评价，它具有哲理意味，内涵很复杂，既是一种价值评判，也是一种审美体验。”

在《天游阁诗集》中，前期的诗歌多为郊游、咏物、题画之作，这些诗作中都或多或少地寄寓了诗人对人世的感触、对生命的思考。在《九日登后山四首》的第一首中，太清写道：

九日登临一怆颜，从游幸喜此身闲。
高人语妙惊神鬼，帝子魂归冷佩环
百岁无非真梦幻，千年犹是旧河山。
不堪亲故凋零甚，鬓插黄花独自还。

诗人兴会盎然地登高远望，视线移动，所看到的是前人的墓地。

这苍凉的园寝使作者深感人生易逝，即使“语妙惊鬼神”的“高人”也终归于一抔黄土，“惊”与“冷”形成强烈的对比。颈联由此更推进一层，感叹人生百岁如同梦幻，在短暂的同时还有不可把握的无奈。诗人以自然山河的永恒对比生命的渺小短暂，具有惊心动魄的艺术力量。

此时的太清与丈夫奕绘琴瑟相合，在生活中虽处于安乐幸福的时期，但是登高远望、触景生情，人生的短暂和物是人非的沧桑之感仍然触动太清的内心，不由地生发出人生如梦的喟叹。第二首诗与第一首的情感一以贯之，太清写道：

官柳萧条落叶黄，五陵松桧自苍苍。
秦砖万里长城在，铁瓦高峰古庙荒。
尘梦半生吹短发，清歌一曲送残阳。
回思故国年年事，佳节题糕宴北堂。

前四句写登高见闻，诗人眼前所见的是萧条的柳叶、苍苍的松桧，远眺前朝留下的长城、古庙，目睹苍凉恢廓的秋景，不由地生出无限悲愁之绪。“尘梦半生吹短发，清歌一曲送残阳”是诗人由眼前景所产生的感触，她将人生比作“尘梦”，将悲吊历史沧桑的情感与自己的生命意识相结合，使得这样的情感具备了深厚的历史积淀和文化内涵。

对太清思想影响更深的是生活中的种种磨难。太清少年时期受家庭影响，长期颠沛流离，直至二十六岁成为奕绘侧室，育有三儿两女，其中九子载同因与母亲生日相同的巧合而备受太清夫妇的珍视。奕绘在诗《甲午正月五日同儿生》中写道“祝儿同父母，名同字同之”，喜悦之情溢于言表。然而载同未满一岁便因病去世，他的夭折对太清打击极大，太清在次年生日（也是载同生日）所作的诗中便写道：

我生己未今乙未，忽忽流光似梦中。
双泪自伤迟暮眼，半生空过马牛风。
亦知离合因缘假，应解牵连聚散空。
肠断去年当此日，弄璋诗句赋深宫。

去年太清生日时载同刚刚出生，而今年此时孩子却已不在人世。天人相隔的今昔对比是身为人母的太清所不能承受的痛苦。她以泪洗面，对人生的飘渺无常、因缘聚散、变幻如梦产生了深深的怀疑，于是不断地发出人生似梦、“空”、“假”的感叹，使她更深的体会到了人生的无奈，因缘聚散都犹如梦幻般难以把握和改变。

人生中更大的磨难发生在太清四十岁这一年。朝夕相伴十五年的丈夫奕绘病逝，太清母子被嫡子赶出王府，太清的人生再次陷入生命的低谷，生活与精神受到双重打击。以至于生活到了“斗粟与尺布，有所不能行”的悲惨地步。短短的半年间，太清经历了人生的冰火两重天，生活的巨大落差使太清敏感的精神世界受到了前所未有的打击，从而越发感到生命虚无、感叹人生如幻。

在《己亥生日哭先夫子》中，太清写道：

去年同宴乐，此日隔天人。
生死原如幻，浮休岂望仙。

景相同而人已非，这样物是人非的情景和难以把握人生聚散的无奈感在载同去世时已经深深地刺痛了太清的心，此时又失去了她挚爱的丈夫，斯情斯景，情何以堪！对于这位早年经历坎坷的诗人来说，在滚滚红尘中遇到佳偶是何等幸福之事。如今丈夫的离去则使她万念俱灰，在今昔对比之间，诗人感到了人生的无可奈何。

在奕绘去世后，太清将对丈夫的思念化作笔下流淌的细腻情思，作了大量的悼亡诗。在《庚子生日哭先夫子》第十首中，太清向九泉下的丈夫倾诉自己的悲苦和哀伤：

四十二年如梦过，东风暖日又新春。
半生劳碌凭谁话，两字浮休寄此身。
观化暂能忘俗累，餐书或可疗清贫。
九泉寄语须相待，独坐挑灯泪满巾。

挚爱之人的离去使太清一再发出“人生如梦”的悲叹，冬去春来、岁月变迁也难以排遣她心中的伤感。孤寂寥落的心境、命运悲凉的况味，都在这如怨如慕的倾诉中缓缓道来。

在《庚子十月初七先夫子服阕因太夫人抱病未果亲往谨遣载钊恭诣南谷痛成六绝句》中，太清在其中一首中写道：

忽忽光阴同逝水，昏昏大梦几时醒？
年来辛苦从谁说，始信沈忧损性灵。

飞逝的光阴并不能减弱太清对丈夫的思念，眼前物是人非的景象使她有如在梦中的幻觉，她甚至希望这一切只是一个“昏昏大梦”，梦醒了也许丈夫就在身边。而奕绘毕竟已离她而去，被赶出家门之后孤儿寡母的辛苦无处诉说，太清的诗句中浸透着辛酸。

人到晚年，对于生命中的酸甜苦辣都有了更深刻的体会和更全面的思考。更多了对于整个人生的体悟。晚年的太清在思想上明显地倾向于佛道，往往有对“浮生”的喟叹，但是这一切都已涤尽浮躁之气，将所思所感缓缓道来。《答观生斋主人乐天知命并次原韵》中，太清就直接抒发了“大千世界无非幻，七宝楼台本是空”的感触，这是晚年的太清在经历坎坷一生之后随缘自适的感触。外在景物自然会影响到诗人的思想，但人生遭遇的悲苦更容易改变诗人的心境。遭遇了丧子丧夫、被赶出门的不幸，联系太清早年的颠沛流离，这一切苦难在诗人的心中刻下了道道伤痕，使得梦幻思想成为太清更深沉的感触。这样的喟叹是太清梦幻思想的深层阶段。

太清夫妇笃信道家思想，奕绘道号太素，顾春道号太清，并请黄云谷道士为两人画了道装像，且分别自题诗词纪念。这一切都说明，太清夫妇受道家思想影响极深。在中年丧夫并不断失去亲友的情况下，早年与丈夫彻夜深谈的道家思想在太清的心中愈发显得深厚。人世间的悲欢离合、旦夕祸福在人到中年的太清眼中不再是越不过去的劫数，而是红尘中虚幻轮回的梦幻而已。

顾太清从贵族少年沦为罪人之后，再成为贝勒侧室、丧夫丧子，直至晚年饱尝战火动乱之苦、亲友离世之痛，人生的大起大落和悲欢离合给她的内心带来难以排遣的忧伤。此时，佛道的人生如梦、随缘自适便自然成为她寻求解脱的方式。

综观太清的坎坷一生，其梦幻思想是随着她人生阅历的增加和苦难体验的加深而逐渐发展的，是她对人生的独特感触和审美体验。由于早期《子春集》的亡佚，我们难以探究太清早年的思想中是否有“人生如梦”的感触，然而从她青年、中年、晚年的作品来看，梦幻的体验是随着生命历程而逐渐加深，并且在经历沧海桑田的人事变迁之后，最终成为太清深刻于心的思想。同时，太清诗中的梦幻感触不仅是她个人的悲凉体验，更是晚清时代的悲伤在诗人身上的映照，这使得太清的梦幻思想因契合时代气息而具有更加深广的内涵。

第七章 广交游，结识四方友

顾太清是清代文坛颇具影响的女作家。她的交游范围非常广泛，对其交游的考察可以了解清代知识女性的生存状态和思想风貌，以及转型时期妇女社会地位的上升和女性生命意识的觉醒。

闺中密友，惺惺相惜

沈善宝，字湘佩，号西湖散人，钱塘（今杭州市）人，著有《鸿雪楼词》一卷。她是道光、咸丰时代颇具影响力的著名女作家，交游广泛，与当时负有诗名、词名的女诗人、女词人都有来往，关锳、吴藻、顾太清等名流辈与她都情意深厚。顾太清盛赞她“巾国英雄异俗流，江南江北任遨游。萧条行李春明路，半载新诗半载愁”。道光十七年沈善宝随夫进京与顾太清相识，并把自己的《鸿雪楼词选》和《鸿雪楼诗集》送请顾太清指教。顾太清以词《一丛花·题湘佩〈鸿雪楼词选〉》和诗《题钱塘女史〈鸿雪楼诗集〉二首》分别题其词集和诗集。盛赞《鸿雪楼词选》是“大块文章，清奇格调，不减古人风。”从此以后，这两位才女惺惺相惜，保持了终生的友谊。在沈善宝去世后，顾太清写下了六首《哭湘佩三妹》的诗歌，抒发她们相交三十年，亲如手足的姐妹情谊。其中“与君世世为兄弟”句，每每读之，总令人感动不至，为双方的深情唏嘘不已。

许云林既是顾太清诗友，又是闺阁密友。名延礽，字云林。钱塘（今杭州市）人。她的父亲是兵部主事许宗彦。她和妹妹云姜师从母亲楚生，工诗词，善鼓琴，精篆刻，尤擅花卉。著有《福连室集》。其女孙静兰，深得外祖母钟爱，12岁时不幸早殁，梁德绳老人悲痛欲绝，因梦作了《昙影梦痕图》这样一幅画，以怀念外孙女。同时，遍题征咏，题咏盈卷，顾太清有诗并词二首相和。顾太清词为《乳燕飞·题〈昙影梦痕图〉》其一、其二，诗《重题〈昙影梦痕图〉》，面对牵系着老人无限伤感的画图，她尽洒自己的同情泪，其词作充溢着浓浓的哀伤。

在顾太清的333首词作中，就有20多首是写给许云林的，可见两人的关系非同一般，亲近、密切、情趣相投可以想见。顾太清是通过许云林的妹妹许云姜于道光十六年认识许云林的。两人初次见面，顾太清即作词《一丛花·题云林<福连室吟草>》，其中说到“新诗示我妙无加，词调更堪夸。丹青更有生花笔，写湖山、翠霭朱霞。”对许云林的诗、词、画都给予了极高的赞赏，二人“一见倾心”。时隔不久，顾太清就在《唐多令·谢云林见赠古玉琴帚，且邀明日赏雪，用谢密来韵》一词中表达了“愿得一生长聚首。丝竹事，乐中年”的期盼。从此以后，在漫漫的人生旅途中，她们相互呵护，互相慰藉，情同手足。

另据沈善宝《名媛诗话》记载:“己亥秋，余与太清、屏山、云林、伯芳结秋红吟社”来看，许云林、顾太清、沈湘佩她们都是思想超前，女性意识觉醒方面的先行者，虽不如秋瑾那样有很明确的目标，但她们毕竟已不再囿于深深的宅院，在“失语”状态下求生存，而是每逢良辰美景，便相约聚会，饮酒赋诗。或聚于幽兰雅室，敲棋抚琴；或徘徊于小园香径，观游鱼戏飞蝶；或展纸设色，泼墨挥毫；或登山临水，访奇览胜，“仰观宇宙之大，俯察品类之盛”饱览迷人的湖光山色、赏雪观花。顾太清曾在诗中说过，“何期闺阁辈，杰出欲空前”，“深闺雅效群贤集，盛世能容我辈狂”，这是中国文学史上第一个成员跨地区非血缘关系的女性诗社，是清代知识女性交游、交往自由的最好例证，也是清代女性文学空前繁荣的最好说明。这群名媛闺秀如同男性名流雅士一般潇洒开怀，自在逍遥。诗词酬唱，乐其所乐，岂不快哉！以至于百代以下，我们仍能想见其迷人风采和倩影丽姿。

可天下没有不散的宴席，许云林离世的噩耗传来时，顾太清作《意难忘·哭云林妹妹》“持素手，断柔肠。问去者何方？”充满了无限的哀感。失友之痛，渗透在字字句句中，痛彻肺腑。顾太清与许云林、许云姜姊妹有很深厚的友谊，与其母古春轩老人梁德绳，其父许宗彦都有交往，可以说是通家之谊。

许云姜，名延锦，字云姜，钱塘（今杭州市）人。兵部主事许宗彦之女，许云林妹妹，嫁与大学士阮元之子阮福为妻。长于鼓琴，精于篆刻，工诗擅绘，著有《鱼听轩诗钞》。有子恩光，有女手蓉，顾太清经常把手蓉称作甥女。从道光十五年开始顾太清有诗与许云姜唱和，见《天游阁诗集》乙未诗《迭前韵题画海棠扇答云姜三首》，许云姜与姐姐许云林都是顾太清中年以后的闺中密友。她们常来常往、相互唱和，题诗赠画更是不断，如顾太清有《四月廿二云姜招同珊枝、素安、纫兰过崇效寺看牡丹遇陆琇卿、汪佩之。是日云姜以折扇嘱写，归来画折枝梅遂书于扇头》诗，这是和许云姜相识后不久与其他姐妹的一次相聚游玩，诗中说“感我云姜何以报，墨梅投我报红梅”因此，另在词《暗香·谢云姜妹画梅团扇，次姜白石韵》中赞云姜之画“写出疏香冷韵，谁似小琅寰仙笔”不仅以诗记事，还赠画题词。在《东海渔歌》词集中，顾太清还有几首赠许云姜的词，它们分别是《醉桃源·题墨栀团扇寄云姜》《定风波·谢云姜妹赠蜜渍荔支有感》。许云姜在道光十九年南归扬州时，顾太清有《满江红·人日观音院饯云姜南归》的赠词，后来又有《一剪梅·闻云姜渡河信》的词作，接到云姜信后，有《江城梅花引·雨中接云姜信》的佳作。时隔十月，未接来信，又写了《浪淘沙慢·久不接云姜信》一词，在这些词作中顾太清表达了二人之间真挚的情谊，以及朋友南归后的思念与牵挂。“众香国里花同惜”的姐妹情义，发自肺腑，流淌在心田，使人倍感慰藉。虽然许云姜的作品现已无可考，但从顾太清作品中可以看出她们相互之间的真情厚意。

古春轩老人，姓梁，名德绳，字楚生，晚年号古春轩老人，钱塘（今杭州市）人。工部侍郎梁敦书之女，兵部主事许宗彦的妻子。古春轩老人和她的两个女儿许云林，许云姜都是顾太清的诗友。老人博学多才，能琴善书，长于篆刻，以诗名世，著有《古春轩诗钞》。她的丈夫许宗彦，因为夫人楚生，女儿许云林、许云姜都和顾太清来往密切，故许宗彦与顾太清也来往较多。许宗彦为嘉庆进士，授兵部主事。他博学多才，尤精天文，著有《鉴山水齐集》。

项屏山，顾太清诗友。原名项紃，改名緦章，字屏山，号緦卿，钱塘（今杭州市）人。长于顾太清，为许滇生继室，生有一子仁山。她工词赋，善绘事，有《翰墨和鸣馆集》行于世。道光十九年春与顾太清初识，大有相间恨晚之情。顾太清在相聚听屏山鼓琴后，即兴赋词《江神子·听屏山姊紃弹琴》记下了她们“虽是初逢如旧识，言不尽，话生平”的心灵相知相契的友情。奕绘去世后，顾太清携其子女离开荣王府，生活极其艰辛，她便养猪以维持家用，项屏山在月夜遣人送来应急的饲料，这真是雪中送炭，使顾太清觉得“一袋糟糠情不浅”。礼轻情义重，患难之处见真情，朋友的馈赠激起了她对生活的信心。“感君恩，养肥豚”是她心情的外露。顾太清在晚年与项屏山来往较多，如《云淡秋空，八月廿一屏山姊招看桂花》，《画屏秋色·屏山邀看菊》都记下了她们间的来往。

李纫兰，名纫兰，字诵冰，浙江嘉兴人，有《诵冰诗稿》行世。顾太清在初次见面后，有诗记载二人的相逢，此后顾太清便与她以及其他姐妹常常一起相聚游玩，李纫兰在道光十七年随家人离京前往大梁时，顾太清有《金缕曲·送纫兰妹往大梁》的赠词，词中抒发了“三载交情重，竟难留、买舟南去”的友情，叮嘱朋友离去后书信频寄。别后她们两人互赠诗词，顾太清的赠诗有《纫兰寄到阖家共赋春诗数十首，且约同赋，遂用元微之原韵，仅成十章诗以代柬》、《自题画扇寄纫兰》等。李纫兰在分别七年后，于道光二十四年给顾太清寄来自己的一幅《兰风展卷小照》的画像，念友情切的顾太清收到小照后便“故人寄到兰风卷，快睹画中人面”。顾太清与李纫兰相识后“尽读其上世闺秀诸集”顾太清在为金孝维《有此庐诗钞》所作的序中，就谈到这个家族中众多的文学女性。还在《天游阁诗集》中感叹“名媛谁似钱家盛，好古吾生憾略迟”从顾太清的诗词和交往中我们可看出在明清时期家族内闺秀一门风雅，家学渊源的文学现象已经很普遍。

石珊枝，吴县人，其父石蕴玉，字执如，号琢堂，晚号独学老。乾隆进士第一，官至山东按察使，著有《独学庐诗文稿》一书，顾太清有词与他相唱和。石珊枝为蕴玉老人的女儿，也是顾太清义兄许滇生之子许金桥（名谨身）的妻子，在辈分上是顾太清的晚辈。但顾太清与许氏是通家之好，因此，她经常与石珊枝等人一起登山临水。不料珊枝命运凄苦，年纪轻轻而丈夫早亡，顾太清有《乳燕飞·挽许金桥呈珊枝嫂》挽文情真意切，表达了对死者的哀悼，对生者的同情，以及自己“哭不成声心已醉”的悲哀。

此外，与顾太清交往密切的闺友还有汪佩之，名纫兰，字佩之。吴县（今苏州市）人。著有《睡香花室诗钞》。汪端（1793~1838）字小韫，钱塘（今杭州市）人。编选《明十三家诗选》，创作小说《元明佚史》（已佚）。另外，钱伯芳、陈素安、陆琇卿、栋鄂少如、栋鄂武庄等人皆为顾太清的好友。

西林霞仙，顾太清之妹，名旭，字霞仙，在家族中排行第七，顾太清称为七妹。嫁富察氏，住香山，工诗词，沈湘佩评其诗“颇堪压倒元白”。著有《延青草阁诗稿》。她生活在具有田园风光的香山，时有野味送姊顾太清，顾太清《三月十四日霞仙自山中以雌雉见赠》一诗记下了这份姐妹深情，词云：“几番疏雨好时光，有雉朝飞春草长。卅里山程劳远寄，烹来犹带野花香。”顾太清也不顾路遥山陡，清晨出门看望家霞仙。《往香山访家霞仙妹作》一诗，记录了姐妹二人间的真情，诗云：“春日欣人意，侵城出郭门。东风吹宿麦，西岭上朝暾。刺眼看新柳，留心认野村。思君何谓远，里数不须论。”对妹妹的牵挂很真。顾太清兄妹时有相聚，道光二十年他们相聚时，顾太清写有《四月十四日同家少峰兄霞仙妹携钊初两儿游八宝山》诗。记下兄妹三人的相聚，此次郊游，畅饮为怀，十分快意。奕绘去后顾太清心情苦闷，“唾壶击碎频搔首，磨灭旧胸襟。而赢得，千丝眼泪，一个愁心”（《秋波媚·夜坐》）是她生活的缩影。而家人的相聚，无疑给她带来了心灵的慰藉，割舍不断的亲情，让她有了生活下去的信心和勇气。

神交吴藻，心灵相通

吴藻，晚清著名词人，字蘋香，号玉岑子，浙江仁和（今杭州市）人。陈文述的女弟子。生于商贾之家，自幼聪慧好学，积淀了丰富的文化底蕴。20岁左右嫁与同里之商人黄某为妻。徐珂在《近词丛话》中说："吴藻父夫皆业贾，无一读书者，而独工倚声，真夙世书仙也。"或缘于精神上的巨大差距，故她在很多词作中都表现了遇人不淑而又无可奈何的哀伤"愁"情。

吴藻在写作与生活中，毫不掩饰、甚至在张扬着这种追寻精神和超越本性的渴望。而作为一位深具"夙慧"的才媛，她又并没有在对异性性情与社会角色的刻意套用下失去自我，于是，她笔下的作品，便呈现出了明显的"双性"风格特质。

首先，是笔意"双性"。吴藻之笔，点染着双色，一为女儿彩笔，一为名士青毫。女儿彩笔，自写小儿女情调。从春草秋月，到夏云冬雪，从闺阁花窗的视角，红尘三千丈的种种色相，皆融入闺秀之血脉，又伴随着莫名之愁汩汩由笔端流出，以"清才"点染成纸上的碧云红树、紫燕黄鹂；银涛钩月、翠袖瘦梅。赵庆熺于《花帘词》序云："花帘主人工愁者也。不处愁境，不能言愁；必处愁境，何暇言愁？……不必愁而愁，斯视天下无非可愁之物，无非可愁之境矣。"自认"愁是吾家物"的吴藻，"病是愁根愁是叶，叶是双眉"（《卖花声》），吴藻词集中"愁"字出现 79 处之多，曲作中也有 9 处。在吴藻之词曲宇宙中，几乎所有事物都被冠上了愁名：其身临的是"愁乡"；心埋的为"愁怀"；写下的皆"笺愁句"；举眼望"愁风"、"愁水"、"愁城"；低眉听"愁吟"、"愁宫"、"愁唱"、还有许许多多的"闲愁"、"旧愁"、"离愁"、"烟愁"、"病愁"，使举手投足也变成了"愁对"、"愁听"、"愁扫"、"愁坐"。凄清之愁怀，溢于言表，冷郁绵长，而其中欲言难言之苦，绵蕴隐深。闺秀之愁，往往首先源于姻缘。吴藻对于爱情的态度十分明朗，她期待的是福慧双修的婚姻，即夫妇"艳福清才都有"，既情长如"飞飞燕子，软语商量久"，又能同"吟得莲心作藕"，两人琴瑟和鸣、意趣相谐，可见她向精神境界交流的索求较一般闺秀更深。关于吴藻的婚姻，陈廷焯《白雨斋词话》云：“苹香父夫俱业贾，两家无一读书者。”徐乃昌《小檀栾室汇刻百家闺秀词》序中称吴藻乃“同邑黄某室”，《续修四库全书·提要》云“藻父夫并业贾”。近人多从之。而《民国黟县四志》存有另一说法，云藻父“故字女于钱塘县望平村许振清为妻，年十九而寡，矢志守节，才名藻于京师。”

虽其夫之身世待考，而现存吴藻作品无一字提及其夫，无论是由于夫“业贾”、非读书之人而交流阻隔，或是由于早寡而缄语，其婚姻不谐，有“伤心之事，有难言之隐”是可以肯定的。在这种无望孤寂的婚姻中，难怪吴藻一再有“问谁个，是真情种？”（《乳燕飞·读〈红楼梦〉》）的感叹。同时，吴藻婚后因家道尚算宽裕，无柴米之忧和育子之劳，便容易让敏慧的心灵又生发出一缕无端之闲愁，而这种“已坐到纤纤残月堕，有梦也应该睡，无梦也应该睡”（《酷相思》）的叹息，以及“乱山隐隐，只与斜阳近”（《点绛唇》）的苦寂，却都是“一片吟魂无著处”（《卖花声》）的。吴藻只得无奈地让其洒落于彩笺之上，层层心事随笔游走，任由其长沉墨海，所有的情绪，只由一“愁”字代言，如《乳燕飞》：“不信愁来早，自生成，如形共影，依依相绕。”《苏慕遮》：“小令翻香词太絮，句句愁人，句句愁人句”等。此时年少意气，吴藻不但不讳言愁，更将愁放逐至伤心的程度。如《酷相思》：“怎廿载光阴如梦过。当初也、伤心我；而今也、伤心我。”《清平乐》：“一样黄昏院落，伤心不似侬多。”《虞美人》：“绿阴移上小栏杆，不是伤心不会卷帘看”等。这类作品中浓烈的女儿色调，既为吴藻的本性所染，亦是其观望尘世的原色。对于吴藻的境遇，友人多为轻惋，俞鸿渐题《乔影》曰：“倚竹频年翠袖寒，幽居怎怪感无端。”应得吴藻会心一叹。

名士青毫，则是由胸中闷气锻造出的大家手笔。她超越寻常的闺情而向世情挥洒，纷纷之俗事只以青、白两眼简单相对，境界开阔，显露出女性觉醒的微光。

吴藻诗词曲皆能，善作画，而以词曲最工，主要有《花帘词》、《香南雪北词》各一卷，另有杂剧《乔影》（又名《饮酒读骚图》）和部分散曲传世。名噪大江南北。顾太清久闻其名："何幸闻名早"，但由于各种原因，一南一北，两人从未谋面，却心灵相同。当顾太清从好友许云姜处见到《花帘词》词稿，阅读之后，极为赞赏，欣然提笔写下了《金缕曲·题<花帘词>寄吴蘋香女士》一词，其词现摘录如下：

何幸闻名早。爱春蚕，缠绵作茧，丝丝萦绕。织就七襄天孙锦，彩线金针都扫。隔千里，系人怀抱。欲见无由缘分浅，况卿与我年将老。莫辜负，好才调。落花流水难猜料，正无妨，冰弦写怨，云笺起草。有美人兮倚修竹，何日轻舟来到。叹空谷，知音偏少。只有莺花堪适兴，对湖光山色舒长啸。愿寄我，近来稿。

该词表达了顾太清对吴藻才华的敬慕，对相见的渴望，"有美人兮倚修竹，何日轻舟来到。"希望寄情写作的吴藻能乘船北来。其辞恳切，其情真挚，一种天涯共知己的绵绵情思流露字里行间。读吴藻词后，顾太清如遇知音，对其词赞不绝口。"爱春蚕，缠绵作茧，丝丝萦绕。"对吴藻苦心孤诣，执着写作表达出理解与欣赏。盛赞吴藻词作的文采如"天孙云锦"般情思温婉细腻，令人激赏。"织就七襄天孙锦，彩线金针都扫"是对《花帘词》极高的赞誉和由衷的肯定，这在清代文坛，可谓一段佳话。同时顾太清还表现了此时两人皆已中年"欲见无由缘分浅"的遗憾。结尾盼望知音稀少、对景抒情的的吴藻能寄来新作词稿。限于吴藻词作的散佚，目前还未发现她写给顾太清的酬词以及两人往来的材料，但顾太清在阅读《花帘词》后，对与吴藻的相见充满了渴盼。精神的相契和心灵的相知使顾太清将吴藻视为人生的知己，更表现了顾太清对友情的珍视与期待。

吴藻交游广泛，有众多名媛才女和她往来，女的有汪端、李纫兰、归懋仪、沈善宝、包之蕙、沈采石、张襄、许云姜，许云林等等。而沈善宝、许云林、许云姜、汪端等人也与顾太清有着亲密的交往。与吴藻交游的男性才子还有陈文述、黄燮清、魏谦升、张应昌等人。据黄嫣梨《清女词人吴藻交游考》统计，在吴藻作品中与她交往密切，可考的人约有 73 位，这些人有官宦、逸士、名媛、商贾、书画家等各类人士。吴藻有 38 阕唱酬之作和 83 阕的题跋词，这占了她全部词作数目的 40%，亦是其社会活动活跃的旁证。在与这些文友的交往中，既得以共同切磋提高词艺，也通过酬唱往来寄托情怀。从中可看出清代文学女性的社交模式，可见知识女性的才华也得到男性主体的认同和赞许。也让我们强烈的感受到追求女性解放和个性解放已成历史必然。知识女性与男性的交往也已逐渐冲破传统的藩篱，表现出正常的态势。

朝廷显宦，人间真情

顾太清诗友中也有王公贵族，朝廷显宦。载铨（1794—1854），字筠邻。定亲王奕绍之长子，受封定郡王。曾任工部尚书、步兵统领。著有《行有恒堂诗词》。与顾太清多有唱和，顾太清《满庭芳·雨中过含芳园谒筠邻主人》《满庭芳·次筠邻主人咏牡丹原韵》《满庭芳·次筠邻主人〈咏絮〉原韵》等词记下了二人的往来酬唱。

顾太清于道光十八年十月受太夫人之命迁出王府，太清有诗记其事，从诗题就可知其情，《七月七日先夫子弃世，十月二十八奉堂上命携钊、初两儿，叔文、以文两女移居邸外，无所栖迟，卖以金凤钗购得住宅一区，赋诗以纪之》，而此后京城里就把此事和己亥年龚自珍仓促离京的事情附会到一起，说是二人有婚外情被逐。这就是后来被称为“丁香花案”的事件，还引发了一场文字官司，赞同者有之，反对辟谣者亦有之。这是一起冤案，顾太清诗中也愤怒地说：“亡肉含冤谁代雪，牵萝补屋自应该。”说明其中有冤屈之衷情，盼望能有“代诉”者出面为其昭雪。两年以后，由定郡王筠邻帮助顾太清雪冤。顾太清的《金缕曲·上定郡王筠邻主人》表达了对定郡王筠邻帮助自己洗雪沉冤的感激：“此生恩拟向来生报”。

筠邻酷爱诗词，敬慕顾太清的才华，对她的遭遇很同情，也了解顾太清被逐出荣府的冤情，所以趁太夫人离世之机，在皇室内部帮助顾太清昭雪了冤屈，顾太清对此非常感激。后来又为定郡王筠邻的词集《行有恒堂词集》题词，即《金缕曲·题〈行有恒堂词集〉》，极尽赞美之情，“缕月裁云手，好文章，天衣无缝，神针刺绣”，“篇篇珠玉，锦心绣口”。这里不乏溢美之辞，但心情是可以理解的，因感激而生过誉之辞。

一代文宗阮元（1764—1849），字伯元，号云台，江苏仪征人。乾隆进士，授翰林院编修，累官湖广、两广、云贵总督，体仁阁大学士，加太傅，所以称“相国”。他同时又是一位经学家和诗人，在杭州创立诂经精舍，在广州创立学海堂，提倡朴学。主编《经籍纂诂》，校刊《十三经注疏》，汇刻《皇清经解》等书。顾太清与阮元非同辈，但因奕绘与他同朝为官，又同有收藏之嗜好，因此交往甚多。又因顾太清与许云姜为密友，许云姜则是阮元儿子的妻子这层关系，故而得以密切交往。顾太清和丈夫，同阮元这位大学者都有唱和。顾太清有《瑶台聚八仙·祝云台相国八十寿》的词作，称赞阮元“名重三朝”，“紫绶金貂”，但身为三朝元老，却并不以官位显赫而骄世，一派闲适自足，放怀山水的生活态度，并祝“韶光好，任老人行乐，扶杖逍遥”。

顾太清对阮元很敬重，曾认真拜读阮元的《揅经室诗录》，并作诗《读云台相国揅经室诗录》：“深闺得诵令公诗，想见乾隆全盛时。为楫为霖真宰相，乃文乃武大宗师。”评价阮元的诗歌雍容华贵，有盛世气象，并称赞阮元既能定国安邦，又文采飞扬。

阮元有收藏之嗜好，家藏金石字画甚丰，著有《两浙金石志》、《积古斋金石志》，珍本秘籍的收藏自不在话下。宋版《金石录》也是他的收藏之一，书中保留了有关赵明诚和李清照夫妇的许多生平史料。在奕绘去世后，阮元拿自己珍藏的赵氏《金石录》让顾太清题词，顾太清欣然应允，写下了《金缕曲·云台相国以宋本赵氏<金石录>嘱题》一词，词中表达了对阮元送来这本书的咏赞，对这位前辈的敬重，对这部书价值的肯定。直到晚年，顾太清与阮元这位前辈学人都保持了牢固的友谊。

许滇生（1787—1866），名乃普，字季鸿，一字经厓，号滇生。钱塘（今杭州市）人。嘉庆朝榜眼。历任贵州学政、侍讲学士、刑部侍郎、尚书等职。著有《堪喜斋集》。顾太清因认许滇生母亲为义母，故称许滇生为六兄。因这层关系的缘故，两人交往颇多，顾太清有《瑶华·代许滇生六兄题<海棠庵填词图>》，从词序来看，原本是有人请许滇生题词，而许滇生让顾太清代作。后来，顾太清在丈夫离世之后，离开了荣王府邸，一切在突然间发生了翻天覆地的变化，顾太清的生活一下子陷入困顿中，在这位过惯了锦衣玉食生活的弱女子拖儿带女，艰难面对生活时，是这位义兄许滇生解囊相助送年货，帮她度难关，这真是雪中送炭。此事见于顾太清写的《许滇生六兄见赠银鱼螃蟹诗以致谢》一诗，诗云：

岁暮又新年，东风解冻天。
门庭无客至，盘合感兄怜。
白酒持双蟹，银丝脍小鲜。
高怀叨屡赠，相报有诗笺。

在顾太清最需要理解和帮助时，是这位义兄的无私援助让她感受到了人间的真情。患难之处见真情，真诚的友谊让她倍感温暖，也伴她度过了丈夫离世，家难袭来的时光，增添了她独立面对生活的信心。

方外道士，谈吐投机

张坤鹤，据陈士可藏本《东海渔歌》冒广生注，此人为北京白云观主持道人，与顾太清、奕绘夫妇有交情。顾太清有词《水龙吟·题张坤鹤老人小照》，此处所和的是张坤鹤老人的《水龙吟·采药经》。

洞门深锁烟霞，苍苍不断松杉翠。芝田采遍，玉颜常驻，何曾落齿。海上当年，羽衣宝髻，凤箫闲吹。记蓬莱旧景，餐花饮月，经多少，仙家事。

渺渺长途无际。笑世间、临歧挥泪、清风两袖，飘然到处，此生如寄。七十年华，双眸炯炯，照人姿媚。信谷神不死，逍遥物外，一瓢云水。

开篇即说张坤鹤住所是“洞门深锁烟霞”，一派置身世外的仙家气象。接着盛赞老人容姿健康，鹤发童颜，“玉颜常驻，何曾落齿”，“七十年华，双眸炯炯，照人姿媚”。

另外，顾太清还有《冉冉云·雨中张坤鹤过访》词。

秋雨潇潇意难畅。忽敲门、道人来访。玄都客、谈论海天方丈。全不管、世间得丧。

惟有真知最高尚。一任他、你争我让。把身心、且自忘忧颐养。阅尽古今花样。

正值“秋风萧萧意难畅”的时候，“忽敲门，道人来访”，这位不速之客的到来让顾太清惊喜万分，玄都客人的一席话，谈得“海阔天空，天淡云清。”

词中所写的张坤鹤是白云观主，与奕绘夫妇过从甚密，这次的来访，正值“秋雨潇潇意难畅”的当儿，“忽敲门、道人来访”，表现了词人的惊喜。这欣喜之情，不只是恰好消解了词人的“意难畅”的烦闷，而且通过词人与张坤鹤的一番闲谈，更令词人开阔了心胸。他们虽是在方丈斗室中，但却谈得海阔天空。“全不管、世间得丧”，道人对世事，有着超然的态度，世间的荣华富贵，利禄功名，或者相反的失意失落，道人全不在意。任世俗社会的“你争我让”，全不在他的挂念之中。因此词人赞扬他“惟有真知最高尚”。真知，是世事洞明，不求利达，忘我忘忧，这是道家人生的最高境界。词人说，只有当道人达到这一最高境界，他才能“把身心、且自忘忧颐养”。《庄子》讲“养身”，讲人生的“至乐”，词人认为张坤鹤就是用这种达观的生活态度，来达到自身的解脱，从而能够颐养天年的。结句“阅尽古今花样”意味深长，它既是对张道人能洞达人生的解释，也是对世俗的劝勉。

况周颐评这首词：“质而拙，却近宋人。政（正）复不俗”。质者质直，拙者拙朴。词不作瑰丽的藻绘，也无刻意的修饰，如同没有可以雕琢的玉，全是朴实无华的直陈，率性自然，看似拙，却是此词的特点。宋人开创了这一境界，而清人之中，况周颐特别赞扬顾太清能继承此宋人法乳。但词中浸透的道家思想，却是顾太清经历苦难以后的消极人生的反映。

从中，我们能感受到奕绘夫妇与张坤鹤道人交往之密切，谈吐之投机，感情之要好。我们试想能轻易出入荣王府，且是不速之客，这种非同寻常的友谊，非志趣性情的相投、思想的契合，绝不至如此。顾太清还有《临江仙慢·白云观看坤鹤老人受戒》一词，奕绘也写有《过白云观，时张坤鹤老人将传道戒，七次度度人矣》见（《流水编》卷十）和《四月三日白云观观授全真道戒》两首诗。

《临江仙慢（白云观看坤鹤老人受戒）》

阆苑会仙侣，金钟低度，玉磬初敲。松阴下、仙音一派风飘。笙箫。早人语静，幢幡绕，寿字香烧。张坤鹤，被霞裾鹤氅，宝髻云翘。消摇。同登道箓，看取天外鸾轺。拥无边、沧海皓月银涛。相邀。涤除玄览，瑶池宴，已熟蟠桃。功成后，行不言之教，万物根苗。

古代女性是孤独的，她们往往囿于深闺和深院，受缚于“三从四德”和“女子无才便是德”的道德规范，无缘于社会人事，一些家庭条件优越，受过良好教育的文学女性总在自己作品中孤独地诉说着自身的幽怨。而在清代，知识女性的社会地位较前有所提高，她们得以走出闺阁享受登临之乐，陶醉笔墨之缘，尽情的展现她们的爱好与才华，进行心灵的沟通。知识女性间惺惺相惜，彼此欣赏，结下了弥足珍贵的友谊。

顾太清诗词作品中有大量的酬赠、唱和、题咏之作，这构成她作品内容的一大特色。这些词或与闺友往来聚会、吟咏唱和；或以词代柬、寄怀远友；或积极参与文学和社交活动，题咏酬唱；或题集、或题画，应题而作。顾太清的唱和、交游包括名媛闺秀、仕宦显贵、异性学人、宗室皇亲、隐逸道士各个层面。但酬唱最多的还是她的闺中挚友。从这些词作中，可以考察清代的女性文学，特别是文学女性的交际情况。她们凭借自己的才华渐渐地融入社交领域，个体意识觉醒，突破了“内言不出”“女子无才便是德”的藩篱，开始与外界进行较为积极的交流，如女子结诗社，吟诗联句，切磋技艺；且与男性诗人诗词唱和，相互往来也较为普遍。收集并整理她们的交游活动有助于了解清代知识女性的创作特色及主流文化对她们的影响，了解她们的心声。这种交游、交流的情况是时代的景观，是女性生命意识的觉醒，是女性对思想与个性解放的发自肺腑的追求。

解读顾太清——顾太清的心灵足迹

清王朝为加强思想统治，巩固皇权，大兴文字狱。整个王朝求学的士子、坊肆的书贾、种田的百姓，甚至供职的官吏，上上下下都人人自危，整个社会处于“万马齐喑”的局面之中。乾隆二十年揭发出来的胡中藻诗案将太清堂曾祖父鄂尔泰深深地拖入泥潭中去，整个家族从此几乎陷入灭顶之灾，祖父鄂昌被乾隆皇帝赐死，从此家族逐渐败落，后代沦为“罪人之后”。父亲鄂实峰只得以游幕为生，太清也从出生时起因家族在受文字狱之祸而受到歧视。也决定了她的早年是身历患难的。

太清在早年度过一段随父游幕的生活，到过广东、福建，苏杭一带。应该说在江南苏杭一带曾居住过一段时间，并且与丈夫奕绘也是在此相识的，这些在太清的诗词中都可以找到踪迹。尽管目前学术界对于太清早年离京是否属实一问题争论不休，目前还没有一个明确的答案。然而，对于太清早年的生活是历尽苦难、凄苦的这一点上，应该是毋庸置疑的。她的一首词：

事事思量竟有因，半生尝尽苦酸辛。望断雁行无定处，日暮，鹃鸰原上泪沾巾。欲写愁怀心已醉。憔悴，昏昏不似少年身。曩梦醒来心更怕，窗下，花飞叶落总惊人。（定风波·恶梦）

这首词作于道光十五年（1835年）太清三十七岁。这时候，太清已经回到北京，同奕绘结婚。按常理来说，这段生活对她而言，是一生中最幸福美好的时光，她与丈夫奕绘婚后感情甚好，正室妙华夫人也善待她，夫妇时则诗歌唱和。并且奕绘在正室妙华夫人去世以后也未再另续弦。太清虽未扶正，但仍得以有9年专房之宠。作此词时恰是她在享受专宠之时，可见早年给她带来的记忆是深痛的，幸福美满的婚姻也无法真正地治愈这种伤痕。这首词太清用“梦”为题，反映了她诗词的特殊境界。上片开笔两句：“事事思量竟有因，半生尝尽苦酸辛。”把她二十年的漂泊、苦难生活，归结为一个宿命的原因，表现了一个弱女人面对茫茫人生，不能把握自己人生命运的一种哀叹。她用天上飞行的大雁来自喻。“望断”。白日远望天上的雁行，思乡思亲之情油然而生，直到望到了日暮，此凄苦之状，让人深感同情。鹊鸰原上泪沾巾一句，太清用了《诗经·棠梨》中“鹡鸰在原，兄弟有难”的典故。因为太清有兄鄂少峰和妹西林仙霞，她们都因祖上受文字狱株累，成为“罪人之后”。此句抒写了太清对亲人深沉怀念和悲痛。

前面写对梦的追忆，接下来写梦后，“欲写愁怀心已醉”过去太多苦难与愁苦，到今天变为一种麻木，心灵没有了言语来表达。“憔悴”、“昏昏”是麻木的具体心态描绘。尽管从全词来看，作者没有一字来具体描写二十年的经历，但“噩梦醒来心更怕”一句却淋漓尽致地为读者道出了她的苦与悲，再加上末句“花飞叶落总惊人”的渲染，凝练简洁，意在言外，胜过纠结不清的千言万语，更有力地表达了她的早年苦难。同时，奕绘与太清应该是在嘉庆二十年相识的，太清当年十六岁，此事。从奕绘《生查子·记梦中句》一词略可窥知。词中回忆到二人的结合过程时说："相见十年前。相思十年后。江月阖庐城，春风恋素手。梦好合欢才，梦短将离又。惆怅倦游人，梦绕寒山秀。"他们的成婚，那怕是作为侧室，也拖了10年，看来家庭的阻力很大。这一点对于太清也应该是一种伤痛。

人不可以选择自己的出身，但可以选择自己的归宿，尤其对于女子而言，太清的幼年是不幸的，但当爱情来临的时候，这位美貌而多才、性情复洒脱的女子面对身边这位文采风流、能赋诗文的男子，她不由自主地倾慕于他，也许幸福的代价充满辛酸且又是短暂的，但她都毫不犹豫地去选择。他们只有在属于自己的世界里，诗词唱和，品尝着这种跨越辈分和条文戒律的灵魂交流。成功永远属于垂青他的人，他们经历了十年的抗衡还是成功了。奕绘与太清成婚后，也有一首为太清的题词《浣溪沙》说："此日天游阁里人，当年尝遍苦酸辛。"婚后在一起的生活，让奕绘更加地感触与了解到文字狱给后人带的灾难和太清早年生活的不幸。

道光四年（1824），太清正式成为奕绘的侧室，住进奕绘为她准备的天游阁里，开始谱写新的人生篇章。由于奕绘向来喜欢读书为诗，生活与感情终于落定的太清在其引领之下，也开始投入诗歌的创作，并以诗歌为自己的生活留下记录：

三月山花尚未发，一春忽忽过清明。
云移列山岫无数，雪满丛林树有声。
怪石自成蹲虎势，老松谁与对龙名。
晚清碧涧添新水，归路回看暮霭平。

这首诗作于道光六年（1926），太清二十八岁，正处在女子风华正茂和新婚阶段，整首诗给人一种清新典雅的感觉，诗人完全陶醉于新的生活当中，似乎忘却了过去的辛酸，享受着拥抱自然的乐趣。奕绘随即也以诗《清明后太福晋携稚子游潭柘、戒台诸寺，遇雪晚晴，侧室太清赋诗纪游，因次其韵》相和。这不仅是他们夫妇之间第一次的唱和，也是目前仅见材料中，奕绘第一次用文字注明太清的侧室身份。

生活顺了，心也宽了之后，相应地，生活视野和圈子也有了开拓，太清在奕绘的影响下，开始结交朋友，与朋友们交游、唱和、并相互题词题画，加上太清性情豪放洒脱和才华，也使她深得别人喜欢。结交的圈子虽广，但与之结交紧密的多是官宦贵族家的家眷们和一些来自江南、随夫赴京的女词人们，也逐渐结交这些宦官家眷女友们自身的交友圈，与之结下深厚友谊。与当时闻名诗坛的吴藻就是这样认识的。

“桃花谢了春红，太匆匆，无奈朝来寒雨晚来风。”李煜这首词跨越了多少年，可以看作太清的写照。也许美好的东西都是易逝的。幸福的日子还没有来得及去回首，丈夫英年早逝的灾难再次降临到太清这个本已饱经忧患的瘦弱女子身上，奕绘卒于道光十八年七月七日（1838 年 8 月 26 日）。这一年十月二十八日（即 1838 年 12 月 14 日），伤口上的盐粒也许还没有来得及融化，太清又被赶出家门，太清及其子女“奉堂上命，携钊、初两儿，叔文、以文两女移居邸外，无所栖迟，卖金风钗，购得住宅一区”，被迫从宣武门内的太平湖府邸移居至西城养马营一带。

至于太清为何被赶出家门，学术界目前没有一个可以明确的答案。但有一点是不可否认的，顾太清在夫亡被逐后，物质生活一度极其贫困，精神上也因夫亡和家难双祸交加的双重不行而极为痛苦。这一时期，她更深刻地尝透了人世间的“苦酸辛”。面对艰难的处境，太清固然会有几度动了轻生的念头，但儿女年尚幼，再加之太清本人理性感悟的思想境界和她前期交游结识的朋友们的关爱，终于让她慢慢走出丧夫的伤痛，重新打起精神来重归原来的生命轨迹。正如邓红梅所描述的那样“她没有像那些与世隔绝的不幸女子那样，把自己封闭到幽寂的精神空间里去体验灰飞烟灭的幻灭感，她基本上保持着对世界的亲善和关怀。”她自然地走向了民间，虽生活比较清苦，但她不为困窘所拘，仍坚持创作，将境遇的诸般变化赋之笔端。

后来，顾太清一方面因儿子长大成人，生活渐有好转；另一方面在她五十九岁时，其婆母去世，与之不合的奕绘嫡长子载钧亦去世，她的儿子转袭了荣府世荫，得以举家迁回本宅，这是她生活和生命中的一大转折。但晚年的顾太清也并非万事顺意，当时清朝政局坠入内忧外患的深渊之中，一定程度上干扰了她的正常生活。如咸丰十年，英法联军攻入北京，烧杀抢夺，使逃难的她一度与妹妹霞仙失散。此外，在家庭内部，她的儿孙辈数人先后亡故，与她早年交游的知心女友们也纷纷下世。她自已的身体也每况愈下，咳喘不休，最后双目失明。可以说，她的晚景是处在不断失去中的，所有美好的、令人留恋的人或事都一一别她而去，让她经历了一次次的情感阵痛，直至光绪三年 79 岁时才平静谢世。

第八章

续红楼，品咂人生百味

清代女作家顾太清的《红楼梦影》是多种《红楼梦》续书中颇具特色的一种。她以自身贵族妇女的生活体验和情感经历为基础，想象了宝黛悲剧之后贾宝玉归依家庭与社会的生活场景。同时，她在作品中所传达的传统知识女性的生活理想又是不可忽视的。

《红楼梦影》的价值

清代乾隆年间曹雪芹的巨著《红楼梦》问世后产生了巨大影响，表现之一就是吸引了众多的人为其作续。从乾隆末年至嘉庆、道光年间，社会上掀起了一股续写、补写、改写《红楼梦》的热潮。现存清代《红楼梦》续书多达13部，其中就有本书主人公顾太清所著的《红楼梦影》。

《红楼梦影》是清代著名满族女词人顾太清晚年撰写的一部小说。它是《红楼梦》众多续书中的一种，同时也是迄今为止发现的第一部由女作家创作出版的小说。它出现在续《红楼梦》热潮的后期，有许多与以往续书的不同之处，在叙事方式和语言风格上都有自己的特色。它从特定的角度反映了当时的社会政治、经济文化以及民俗世情，同时也开辟了红学研究的一个新领域，对于研究太清这位著名的女词人的晚年心态，以及清末封建贵族家庭生活，也有着不容忽视的价值。全文共分四章对《红楼梦影》进行评介。第一章首先介绍了《红楼梦影》的作者，在考证了太清为其作者的基础上，叙述她的身世经历以及创作《红楼梦影》的背景。第二章由作品所讲述的故事出发，通过与《红楼梦》的比较，对《红楼梦影》所表现的主题思想进行论述。结合书中的主要情节和人物性格塑造，分析了贾府回光返照式的重兴以及宝玉、黛玉、宝钗爱情婚姻纠葛的变化发展，提出了《红楼梦影》所表现的思想与原书《红楼梦》的悲剧思想一脉相承的观点，并举例加以论证。第三章论述了《红楼梦影》在语言风格、环境描写以及习俗描写方面的特色。书中的语言优美流畅、简洁明快、准确生动，并且继承了《红楼梦》中北京话的语言特色，更具地方色彩。在环境描写方面，太清以她作为女诗人、女画家的细腻手笔对自然环境进行描摹，往往能达到情景交融的意境，颇富艺术感染力。而她依据自己的切身经历，对满族贵族家庭生活以及传统习俗的描写，则笔触细腻雅致，充满了浓郁的生活气息。第四章就《红楼梦影》的价值进行了较为全面的评述，突出太清作为满族女作家创作的这部既有旗人小说特色又不失京味小说风格的《红楼梦》续书，对于晚清小说研究、红学研究以及满族文学研究等方面所具有的独特贡献。总之，太清的续书《红楼梦影》不论其思想性，还是艺术上都有值得肯定之处。在准确把握其思想主旨的基础上，通过进一步的研究，人们应该对它作出一个相对公允的评价，并由此对其价值进行更深层次的挖掘。

清代光绪三年（1877）出版的《红楼梦影》，扉页题为“云槎外史新编”，卷首有《红楼梦影序》，为咸丰十一年（1861）西湖散人撰，全书二十四回，十三万字，每回前题“西湖散人撰”。一九八九年《红楼梦学刊》第三辑赵伯陶的《〈红楼梦影〉的作者及其它》一文，考证云槎外史是清季著名女词人太清，西湖散人是太清闺中密友、清季才女沈善宝。

《红楼梦影》是迄今为止发现的第一部由女作家创作出版的小说，也是清人撰写的《红楼梦》续书中较晚出现的一种。它出现在续《红楼梦》热潮的后期，有许多与以往续书的不同之处，在叙事方式和语言风格上都有自己的特色。它从特定的角度反映了当时的社会政治、经济文化以及民俗世情，同时也开辟了红学研究、晚清小说研究以及满族文学研究的一个新领域，对于研究太清这位著名的女词人的晚年心态，以及清朝末年封建贵族家庭生活，也有不容忽视的价值。

《红楼梦》以贾府的盛衰和贾宝玉、林黛玉、薛宝钗之间的爱情婚姻纠葛作为贯穿全书的两条主要线索。把贾府的由盛而衰、逐渐破败的过程作为宝玉、黛玉、宝钗三人感情发展变化的大背景来展开全书，写了宝玉与黛玉的恋爱悲剧，宝玉与宝钗的婚姻悲剧。

《红楼梦影》是接续《红楼梦》程乙本第一百二十回情节撰写的。“第一回‘贾侍郎药医爱子甄知县刑讯妖僧’”开首近三百余字，直接从高鹗续书第一百二十回中的一段录得，以为接榫之处。该书共二十四回，是清代章回体续红之作中篇幅最短的两部中的一部，又是唯一一部没让林黛玉还魂或投胎的、甚至没让她真正出现的、只记叙二宝婚后生活的续书。纵观全书，有很多情节是在描述贾家重新兴旺起来，为官的连连升职，仕进的屡屡高中，儿孙辈们又都生子的生子，娶亲的娶亲，嫁人的嫁人，一派繁盛热闹的景象。小说写宝玉离家出走，贾政四出寻找，后在毗陵驿将其从一僧一道手中领回，即一改往日倚红偎翠之习，入为翰林，进了衙门当差。不久，与宝钗生有一子。第十回写当了父亲的宝玉尽享天伦之乐，他喜欢“抱着芝哥站在栏杆前看牡丹”，还把那块通灵玉挂在儿子身上辟邪。但他本性终究难改，儿女私情依旧，小说让宝玉在林黛玉 20 岁冥寿时前去潇湘馆祭奠，二人在梦中相见，梦醒后方知此番生死之恋如镜月水花之不可及，不禁怅然。此书又写贾政为“最能容人容物之长者”，他痛恨官场营私而鱼肉百姓，为此自奉清廉，由吏部尚书到相国，最后年迈告退。小说对贾府怡红园生活如看灯、赏花、填词、猜谜、品茗、饮酒、听戏、奏笛等的描写，无一不惟妙惟肖，反映出燕京的民俗风味。在处理宝黛钗二人的感情问题方面，采用虚描实写的方式，注重回顾原书前踪，既把宝玉与宝钗的夫妻感情写得真实可信，又不忘让黛玉的魂灵与宝玉梦中相会，令宝玉时时挂念着这位真心挚爱的知己，每每想起便会黯然神伤。

顾太清老年像

作者尽管在前面用了大量的笔墨来铺陈贾氏的重兴，但是主题思想还是延续了《红楼梦》中的对于功名利禄、荣华富贵变幻无常的浓重的宿命主义的观点，而并非像一些研究者认为的以“大团圆”作为主旨。而且，在描绘宝玉游太虚的这一段文字中，还有一些场景的描写是照应了《红楼梦》中的一些主要情节，体现了续作者对于原著的尊重和行文的责任感。

《红楼梦影》作为《红楼梦》的续书出现，人们对它的评判标准自然而然就会提升到一个高度。因为《红楼梦》无论是从思想上还是从艺术上来看，都已经达到了一个巅峰，后续者是很难企及的。红学泰斗俞平伯曾经在其著作中详细地论述过续《红楼梦》的不可能，他认为续书的失败有其根本的困难存在，并不是续书者才情的问题，“我以为凡书都不能续，不但《红楼梦》不能续；凡续书的人都失败，不但高鹗诸人失败而已”。

顾太清完全摒弃了之前诸多续书将宝黛婚配的构思，她不取“为绛珠吐生前之夙怨，翻薄命之旧案，将红尘之富贵，加碧落之仙姝。死者令其复生，清者扬之使浊”的接续内容，也不去“另立格局”，下那“奇”、“巧”的花样工夫。她笃诚地接受程本后四十回的设计，承认它安排的黛死钗嫁结局合乎情理，正如顾太清的闺蜜、促成《红楼梦影》写作的沈善宝在《序》中指出的那样，“咸知绛珠有偿泪之愿，无终身之约，泪尽归仙，再难留恋人间；神瑛无木石之缘，有金石之订，理当涉世，以了应为之事”。这应当也是顾太清阅读并研究《红楼梦》之后得到的认知，是她创作《红楼梦影》的核心意旨。

《红楼梦影》是一部饱含人生哲理的作品，作者的创作目的不仅是要引人入胜，还要发人深省。作者通过塑造众多鲜明生动、有血有肉的艺术形象，出色地表现了她对现实合理性的怀疑，对人生命运归宿的冷静思考，对生命价值的探索和追求，给人们以深刻的启示。小说哲理性的描写，加上小说的思想深度，使作品丰富多彩的艺术形象更经得起人们的咀嚼和回味。

如果阅读现存的清代的所有章回体长篇红楼续书，可以得出一个不容讳饰的结论是，续书难有上乘之作。它们虽风格不尽同，但在故事讲述、情节设置、结局安排上却颇多共同处，换句话说，就是续书的叙事模式已经因为反复尝试渐至成熟，甚至趋于模式化了，它们互相" 学习" 到难分彼此的地步。即便你细心地在还魂、投胎的设计中，在仙界冥中，在家中或战场上，在怪力乱神的魔化描写中，费尽心力地去区别分辨了，让你立马指出某个情节属于哪部续书，是哪个作者笔下的宝钗黛，怕也不易。那种似曾相识、似是而非、混淆难辨的感觉，极不舒服，有不少研究者受不了这种折磨而对研究失去了兴趣。当翻开《红楼梦影》时，读者恰如从嘈杂的闹市来到了金色的池塘边，安静而不失绚烂，真实可感。

相较于《红楼梦》，《红楼梦影》的续写，环境没改变，人物未添加，情节不另起。《红楼梦影》描绘的包括亲朋、宗族的活动在内的家庭生活，都是前书读者所熟悉的。家庭琐事，闺阁闲情，诗词游艺，人情来往，使得前梦后影所讲述的故事具有了极大的相似性。《红楼梦影》也刻意地将前梦的故事连场入戏。全书所描写的贵族家庭阛闱的生活，众钗的诗社活动，婆媳、妯娌、姑嫂之间的逗乐，甚至亲戚之间的走动，也都仿效《红楼梦》。说亲嫁娶，生子祝寿，宴乐交游，赏花看戏听曲，与前书亦无二致。这些故事都仿佛是前书的翻版。

顾太清将小说定位于现实世界，显示出平实、节制的叙事态度。她的女性生活经验与上层社会的阅历使她在续写《红楼梦》的闺阁与大家族日常生活时得心应手。虽然作品注意照应原书，但实为作者以已意对曹雪芹原著的诠释与重构，这表现在对贾府命运的安排与人物关系和个性的改造与重塑上。

《红楼梦影》对宝玉这一重要人物的命运的安排与原书作者的本意似乎不符，宝玉对于成就举业、博取功名的态度，前后的转变也显得比较突然。《红楼梦》中的宝玉，是个只知钟情于女孩儿罔顾其他一切的人，而在《红楼梦影》中，却转而以君亲为重。其温和、善良的品性虽然未改，但已没有了前书的那种“恣情纵欲”的富贵闲人之风。他的价值观已发生了根本的变化，不仅在感情上逐步安于家庭亲情，在立身态度上，也自觉进入了禄蠹一流，且以入仕为荣。小说中虽也写了他长时间未能收心就范，但目的不是让他反思，而是表现他的摇摆。究其原因，一方面，太清是受到高鹗后四十回思想倾向的影响。高鹗所续的后四十回中，就已经让宝玉修举业、中举人了；写贾政袭荣府世职，后来孙辈兰桂齐芳；贾珍仍袭宁府二等世职；所抄家产全部发还；贾赦也遇赦而归。太清既然是接续一百二十回的本子来写，自然只能顺着高鹗的笔意，但是也应当看到，太清所写的贾府的重兴，并不是简单的出于对荣华富贵、功名利禄以及所谓太平盛世的赞叹和点缀，其最终目的还是为了突出世事空幻、人生如梦的主题思想。另一方面，太清对于她所处家庭的小环境以及社会的大环境进行思考和反省的同时，其心情是复杂而矛盾的。她是出身名门，受过良好的教育，又嫁入门庭显赫的王侯世家，生活在封建社会的贵族圈子里。但是她又亲身经历、亲眼目睹了清代中叶由盛转衰的种种内忧外患，也因为家庭纠纷、丈夫早逝，饱尝了世间的孤苦与艰辛。她不愿意看到自己的民族和国家衰落和崩溃，希望它能够“重兴”，但是事实上，历史的变迁是不以个人的意志为转移的，清王朝最终要走向灭亡。

《红楼梦影》的前二十三回，都是对贾府日常生活的平稳叙述，而且不乏关于忠孝节义的老生常谈；但到第二十四回，却忽作变声，写起“指迷途”和“游幻境”、“惊梦”来。前二十二回是铺垫，这后两回才是全书主旨所在，结尾归于虚空，宿命论乃延续《红楼梦》的主旨。《红楼梦影》这个颇具深意的结尾，对世人追逐名利的批判，对无梯可上的红楼的描绘，说明昔日的繁华、旖旎，究竟是不可攀的，而眼前的荒郊、白骨，却是千真万确的事实。使《红楼梦影》与其他《红楼梦》续书相比，更显出了超群独到之处。

不仅是在思想内容上《红楼梦影》，在艺术上的成就，以及在对满族小说优良传统的继承上，都有着不可忽视的价值。满族人素有喜爱小说的历史传统。早在金朝，女真人就对‘说话’艺术有特殊的癖好。到了乾隆年间，满族人已经普遍使用汉语、汉文，喜读小说之风益盛。这样的文化氛围催生出了《红楼梦》、《夜谭随录》《萤窗异草》《儿女英雄传》《红楼梦影》等一系列优秀的旗人小说。而《红楼梦》对于北京话的精熟运用《儿女英雄传》、《红楼梦影》对这一艺术传统的继承，为京味小说的发展提供了十分优秀的典范。书中的语言优美流畅、简洁明快、准确生动，并且继承了《红楼梦》中北京话的语 言特色，更具地方色彩。在环境描写方面，太清以她作为女诗人、女画家的细腻手笔对自然环境进行描摹，往往能达到情景交融的意境，颇富艺术感染力。而她依据 自己的切身经历，对满族贵族家庭生活以及传统习俗的描写，则笔触细腻雅致，充满了浓郁的生活气息。

《红楼梦影》中的京腔京调以亲昵、生动、轻灵的语句继承了《红楼梦》的语言特色。从这一点上来看，它作为续书是很成功的。胡适在评价清代满族作家时曾说"旗人最会说话，前有《红楼梦》，后有《儿女英雄传》都是绝好的记录，都是绝好的京语教科书。"在习俗描写方面《红楼梦影》与《红楼梦》比之而言，更富有满族家庭生活的特色，而且有一些内容还是作者根据自己的生活经验，精心描绘出来的，充分表现出习俗文化乃至中华民族文化的神奇魅力。但作者并非为写习俗而写习俗，而是通过写贾府大张旗鼓地以各种形式张罗和庆祝这些重大节日，表现它恢复了往昔的繁华景象，更好地反衬出最终的空幻，突出文章的主题思想。

顾太清作为中国第一位女小说家，出现在小说这一文体已经相当成熟的晚清时期，以女性作家独特的视角续写《红楼梦》这样一部千古奇书，并不是偶然的，并且，在晚清小说史乃至清代文学史上都是有其重要价值的。它从特定的角度反映了当时的社会政治、经济文化以及民俗世情，同时也开辟了红学研究的一个新领域，对于研究太清这位著名的女词人的晚年心态，以及清末封建贵族家庭妇女的生活，也有着不容忽视的参考价值，是值得引起研究者的瞩目的。

《红楼梦影》与顾太清

顾太清所续写的小说《红楼梦影》，自署“云槎外史撰”，早在清末就负有盛名。20世纪初，顾太清就受到国内外学者的关注和研究。日本学者内藤炳卿、豹轩收藏了顾太清的文集、诗集，《国学月报》1929年第12期刊登了储皖峰撰写的《关于清代词人顾太清》一文。近年来，介绍顾太清的文章先后在《光明日报》《浙江月刊》《岭南书艺》《文学评论丛刊》《满族研究》《宁夏社会科学》等刊物上发表。《红楼梦学刊》1989年第3辑发表了赵伯陶撰写的《〈红楼梦影〉的作者及其他》一文。

顾太清是清代著名满族女文学家、女词人。清末词学家况周颐《蕙风词话》续编卷二说：“曩阅某词话云：‘本朝铁岭人间，男中成容若，女中太清春，直窥北宋堂奥。’”有“清代第一女词人”的盛誉。况周颐将顾太清与纳兰性德并列，甚至认为：“若以格调论，似乎容若不逮太清。”近人齐燕铭先生说：“论有清一代词人，向以太清与纳兰并称，余尝以为容若词自秀雅，而太清之直淳本色，则非容若所及。”

顾太清与曹雪芹的一生有许多相似之处。经历相同，都曾有过流离失所的生活。正是由于相同处很多，两者便产生了很多联系，所以顾太清续写小说《红楼梦影》也就在情理之中，与红楼文化结缘也就不足为奇了。

从顾太清文学修养、生活经历来看《红楼梦影》也是出于她的手笔。首先她对皇家和上层社会熟悉、了解。其次她文学修养高，对红楼梦的理解和未来人物命运的把握准确，续书达到别人难于做到的地步。第三，红楼梦影中有顾太清诸多生活的影子。第四，《红楼梦影》运用的是地道的北方语言，符合顾太清的身份。

顾太清虽生长在没落的贵族之家，但自幼聪明好学，受过良好教育，因才貌双全被荣亲王府贝勒奕绘选为妾。因其系出自籍没之家，所以只能给奕绘作侧室，而且还要换个姓氏才能上报宗人府。因此，太清在结婚时，为避忌与祖父鄂昌的关系，谎报为荣亲王府护卫顾文星之女。此后，在宗人府的档册上，便以顾太清的姓名出现。

奕绘因其祖母为西林氏，故与太清有亲属关系，总角之交，相知甚深。由诗词唱和，而互相倾慕，由倾慕而成为夫妻，很经过一番波折。主要是因为太清乃是“罪人之后”的关系，受到舆论和家庭的压力。最后，才冲破一切阻力走到一起。

道光十八年奕绘病逝，当时顾太清40岁，为中年丧夫。因婆媳不和，又与嫡长子不睦，被迫携两儿两女析产另过。她被婆母逐出家门，在外过着流离失所的生活。坎坷不平的生活道路，在民间的清贫困苦的生活，反而激发了顾太清的文学才华，使她成为诗词皆精的女文学家，写出了小说《红楼梦影》，使她在中国文学史、满族文学史上都占有了光辉的一页。

欢愉杂着凄苦，哀怨伴着自强；于明快之中见深沉，清俊之中见稳重。正是这种内容上的扩展，风格上的变幻，情感上的波折，使她在跌宕起伏的社会中成为清代满族文学创作的佼佼者。

顾太清最初在《红楼梦影》中署用笔名“云槎外史”。此笔名如何使得该书作者身份由扑朔迷离到真相大白的宛转轶事更令人兴致颇增。20 世纪 80 年代末期以前，没人知道该书出自顾太清之手，直到她部分遗失手稿在日本被发现，其作者身份才得到验证和确认。顾太清的其他两部著述均为诗集，分别是《天游阁集》和《东海渔歌》。其手稿曾流传数十载，部分甚至还有她自己的注释。在顾太清去世 20 多年后的 20 世纪初，两部诗集方得以出版。《天游阁集》手稿数卷在中国佚失，但一直藏于日本。正是这几卷海外孤本手稿提供了顾太清是《红楼梦影》作者的线索。她在手稿第七卷中自称“云槎外史”，卷中有诗一首叙及她《红楼梦影》的作者身份。“云槎外史”笔名在第七卷中的使用让人推断《红楼梦影》不是以匿名小说公布于世的，但更重要的是，它直接反映出当代学术界对顾太清时代众所周知的书与作者的关系一无所知。

除撰写《红楼梦影》小说外，顾太清的文学创作成就主要在诗词方面。她的诗词从内容上看，主要分为咏怀、写景、记交游等三大类。其特点主要是通过个人生活的描写，直抒胸臆，表现了她对幸福生活的赞美，对人生坎坷的慨叹，对劳动人民及弱者的同情，对美好事物的追求，对生活过的地方的怀念，对知己及女友的缅怀。难能可贵的是，关心民生疾苦，关心妇女命运的民主精神，犹如石光电火，不时在她的诗词中闪烁。

顾太清的诗词情真意切，写景物与抒情浑然一体；语言清新流畅，成语典故信手拈来，驱遣自如，毫无捍格之感。况周颐认为，“纯乎宋人法乳”，“其佳处在气格，不在字句，当于全体大段求之，不能以一二阕为论定，一声一字为工拙。”清代闺秀词中有不少佳作，但往往失之纤弱，像顾太清笔端豪迈而以气韵胜者，实不多见。可惜她题咏的范围较窄，今见 200 多首词中，大多是咏花、题画及夫妇唱和、亲友游宴之作，这是由于她所处的历史时代、条件及社会地位、生活阅历的局限性造成的。这恐怕也是其小说《红楼梦影》未能超过其诗词创作水平，未能在社会上广泛流传的原因所在。

从《红楼梦影》中看顾太清的人生

顾太清创作的《红楼梦影》是《红楼梦》现今可见的最早的女性续书，独具特色。《红楼梦影》的叙事以女眷的活动为中心，而史湘云则是活动中的重点描写对象。史湘云身上显现出来的特质与作者有千丝万缕的关联，作者描绘的史湘云恰是顾太清自己的人生镜像。

《红楼梦影》中的史湘云延续了《红楼梦》的家世背景，是一个家境败落的小姐，寄人篱下，与一个丫头的待遇相差无几。为权臣之后的顾太清家族因卷入胡中藻“坚磨生诗抄案”而没落。顾太清之父沦为罪人之后，以游幕为生，故顾太清的幼年生活过得不十分如意。两人都是在这种辛酸而无奈的环境中成长起来的，处于一个尴尬的地位。顾太清五世孙金启琮写道：“太清是奕绘祖母荣亲王永琪西林觉罗福晋的内侄孙女，与奕绘的关系，恰如《红楼梦》中的贾宝玉与史湘云。”顾太清与史湘云都是贵族夫人的侄孙女，一个是荣亲王永琪福晋西林觉罗氏的内侄孙女，一个是贾府史老太君兄弟的孙女。顾太清与奕绘同岁，两人在年少时就有着深厚的情感，才子与佳人的故事好像从来不会轻易有个圆满的结局，千折百回，终于两人在26岁的“高龄”得以结合，过着恩爱的幸福生活。

史湘云与宝玉，两人同为表亲，却在金石与木石纠葛前，麒麟只能黯然退场。顾太清与史湘云的结局大相径庭，但是她们对表兄真挚而浓烈的情感是不分上下的。顾太清笔下的史湘云是顾太清的自我映射。史湘云在《红楼梦影》中的首次提及便是“遗孤诞女”，“史大姑娘命真苦，刚出了嫁，姑爷倒好呢，偏又没了”，借由王夫人之口诉说了史湘云的凄凉境遇。顾太清好不容易与心仪的奕绘结为夫妇，却只相守了短短的时光。正值中年的奕绘先她而去，独留她度过漫长的岁月，直到她79岁去世。顾太清对奕绘有着深挚的情感，与奕绘的唱和之作不胜枚举，对奕绘的思念之作更是字字血泪，令人断肠。其《庚子生日哭先夫子》诗云：“九泉寄语须相待，独坐挑灯泪满巾”明知心爱人已经离去，却拒绝承认，“九泉寄语”是无法抵达目的地的、名副其实的死信。这一行为却是用想象的在场剥开现实的缺席这一血淋淋的事实，让自己相信：死者已去。奕绘死去这一事实是顾太清心灵上不可治愈的创伤，她的情感世界永远缺失一角。同样，在史湘云命运中的守寡这一遭遇是大家对她异常怜惜的重要因由。史湘云的凄苦不仅表现在其形单影只上，从对她孩子的描写中也能映衬出来。宝钗的儿子芝儿的诞生让所有人欣喜不已，不仅洗三的时候众人恭贺，在其满月的时候更是众亲友送戏送礼贺喜祝福。而对史湘云的妞儿开始便是“墓生儿是个哥儿也好，偏又是个妞儿”的惋惜，在其满月的时候也是一笔带过。又如，宝玉把自己的“命根子”通灵宝玉给芝儿带着，而妞儿带的是探春送的“宝贝”，可这宝贝“不知还灵不灵”。

《红楼梦影》还写了这样的一个场景：史湘云“见宝玉抱着芝哥站在栏杆前看牡丹”，“不由得一阵伤心”。芝儿有父亲疼爱，而妞儿却连父亲都无法再见。两相对比，同年同月同日生，却有着霄壤之殊的境遇，不得不让人心酸。这亦是顾太清独自养儿育女的心酸吐露。顾太清在奕绘死后，精神遭受重大打击，不料屋漏偏逢连夜雨，竟被赶出荣府，她在一首诗的诗题云："七月七日先夫弃世，十月廿八奉堂上命携钊、初两儿，叔文、以文两女移居邸外，无所栖迟，卖以金凤钗购得住宅一区，赋诗以纪之。"一个弱女子带着稚儿幼女，没有一分财产，被迫离开荣府。顾太清在那个封建宗法社会生存的辛酸艰难不难想象。

不论是史湘云还是顾太清，在备尝生活的艰辛之外，她们对子女的称赏，和对他们未来的美好希冀，表露出同为母亲对孩子深沉的爱。史湘云的妞儿取名为"掌珠"，意为"掌上明珠"，是自家的宝贝。《红楼梦影》第二十二回中夏政赞美妞儿"不像男孩子，很秀气又不认生"，还把"要聘给芝儿作媳妇"的白玉麒麟送给了她。还以薛姨妈自身的体验说出" 养不着好儿子还不及女儿呢"。种种都是借他人之日来赞美史湘云的孩子聪明伶俐，谁说女子不如男的感慨。最后"配麒麟四美联姻"，把掌珠许配给贾芝，则是从贵为宗室贵族夫人的顾太清自身思想出发，为掌珠找到的最好的归宿。

五子载钊娶亲，她"喜而有感"，作诗云：

锦堂春色绣芙蓉，彩结宫灯瑞霭浓。
吉事有祥儿娶妇，门阑多喜婿乘龙。
代君善后司婚嫁，愧我无能病懒慵。
惟愿九泉加护佑，螽斯从此衍华宗。

女儿们也找到了好的归宿，二女孟文适超勇亲王车登巴咱尔，四女仲文适一等子博昌，六女叔文适承恩公崇端。看到儿女都已成家，虽然自己"无能"又身体不好，却把儿女们都安定下来了。"我"在此岸为儿女已经竭尽所能，为夫君履行了为人父的责任，终于给丈夫奕绘一个完满的交代，顾太清透露出的是一种油然而生的自豪感和满足感，顾太清与史湘云凄苦的身世背景、曲折的人生经历有着太多的相似。真真假假，假假真真，她们共享的那一份苦涩，足以让人怜惜、慨叹。

顾太清虽然家道败落，但是她有着大家闺秀的学识修养，后嫁入豪门官宦世家成为贵族夫人，更养就了她高雅贤淑的气度。守寡后，她并没有停止诗歌创作，而是与女友结成社团，进行更为深入的交流探讨。她的才学在女友中出类拔萃，沈湘佩称其“才气横溢，挥笔立成”，更有“男有成容若，女有太清春”之誉。据沈湘佩《名媛诗话》载：“己亥秋日，余与太清、屏山、云林、伯芳结‘秋红吟社’。”顾太清是“秋红吟社”中的一员。该诗社不同于以往由宗族血缘关系而建立的女性诗社，而是由兴趣爱好相同连结起来的诗社。志同道合的社员们突破囿于闺阁的制约，一起饮酒惜花、听琴赏画，还常常结伴出游，临山登山、访古探幽，兴之所起，赋诗作词，共题共咏，好不热闹。在《红楼梦影》中，所描写的邀诗社就是对现实生活的热烈回应：花径游春的赏玩兜转、制瓜灯闺中斗巧的嬉笑玩乐、贪荷花席上联吟的妙语连珠、梅花雪啜茗怀人的软语慨叹、消寒诗食瓜夺彩的才情四溢，顾太清信手拈来，春夏秋冬，季季都有自己的多彩生活，一幕幕场景繁琐却不冗杂，喧闹却不失风雅，娓娓道来的就是她现实生活中才情的痕迹。

将自己日常生活的感受融入诗中，是史湘云心里最深的感触，更是顾太清身处滚滚红尘中的感叹。如《柳梢青·题<寒月疏梅图>》：

老干横斜。一枝初放，低护搪牙。

雪后黄昏，吹来何处，怨笛哀笳。

冰姿不同凡葩。照流水、清心自祷。

冷淡花光，朦胧月影，深院谁家？

粗老的树干横斜，有那么一枝探出低檐的月下梅花，在幽怨的笛声和悲戚的胡笳声映衬下，愈发孤傲凄冷。

生活中的感受不仅仅只有沉重值得记忆，还有那些欢乐一样被写下来。在《红楼梦影》第十四回“赏荷花席上联吟”中，史湘云在探春“雨过荷香，更添些况味”开头，宝琴“微风动”还没来得及说完的情况下，她就急忙道：“闹红轻坠，翻翻翠扇”，这一描述使得画面立马鲜活起来，有着勃勃生机的莲花本“闹”腾着，却在微风的拂动下又轻轻地低下了头，那一抹娇羞欲说还休。翠绿的荷叶也不甘寂寞，纷纷翩翩起舞。见接下来的联句“看不定，琼珠破碎，是何处断续蝉声？绿杨外，残照里”渐显颓败，史湘云扭转画面“蜻蜓款款立芦梢，弄双翅”，好像荷花总离不了蜻蜓，但是史湘云写的这蜻蜓如淑女般，款款而立，抚弄着自己心爱的翅膀，它姿态是优雅的、闲适的，再次把画面描写得生机盎然、柔和妩媚。这正是史湘云此时的心情写照，与久不见的姊妹们相聚一堂，还好像出嫁前那样嬉戏游玩，这时的她是放松的，是快乐的。

现实生活中的顾太清亦是如此。《定风波·城东泛舟》：

侵晓城东泛画桡，天光云影碧迢迢。

少长同游随处好，恰好，荷花生日是今朝。

极目蒹葭浮两岸，一片，小楼临水酒帘飘。

听彻潺湲飞渡口，更有，乱蝉声曳绿杨梢。

在天高云淡的天气里，顾太清与姊妹朋友及儿女辈同游城东，热闹非凡。这个城东是她六年前，更是她幼年游玩过的地方。这里“蒹葭浮两岸”，一片水野风光，熟悉中的陌生，新奇而舒畅。居然在京畿还有像江南水乡风光的小楼和酒招，惊喜之情可想而知。

顾太清在这生动活泼景象中的陶醉之情，呼之欲出。史湘云自小父母双亡，由叔父抚养成人，婶婶又极为刻薄，所以看尽眼色，过早就领会了人情冷暖。正如顾太清作为罪人之后，随父飘零，深谙世态炎凉之苦。于是《红楼梦影》中史湘云性格的塑造在不经意间切合顾太清本人的性格特征。

史湘云给人深刻印象的便是她的“真”，毫不矫揉造作。第十四回“湘云在席上用荷梗儿吸酒，众人说他的玩法总新鲜”，喝酒居然用荷梗儿，这样的一个特写，正是史湘云出其不意的跳跃性思维，率性而为。回目中一个“总”字也是在说只有她才会这样随性自由、坦真直率。在藕香榭时，史湘云请惜春过来一道赏荷，被告知惜春正在作画，好不容易等惜春过来，湘云马上问她是在画什么，惜春推脱说没有画画，大家都知惜春的脾气，也就不往下问。只有史湘云仍不死心，看到惜春画的扇子时，她还在惦记着昨日画的是什么。到第二日，众人一起去看惜春，问到她在干什么，惜春回道没作什么，史湘云直道不信，还隔着纱帘往她里问直瞅，不满足她的好奇心轻易不罢休。史湘云很直白地把心中所想说出口，她就像个不谙世事、天真无邪的孩子，在她看来是什么就是什么，用不着回避，“湘云的率真，既是天真，也是真挚”。相比城府极深的宝钗，史湘云则显直露，她不会思前想后、权衡比较。又如，在回目“制瓜灯闺中斗巧”中，史湘云一把抢过探春手里的小封套儿，好像生怕好玩的事情落下她一样，这种争先恐后的样子完全符合史湘云的活泼可爱的性格。

史湘云眼光并不局限于闺阁琐事，对当时的社会腐败现实也有自己的看法，第十八回薛姨妈问湘云的婆婆去山西的事，湘云笑道：”那里是太太的主意，太太也作不得主，都是我们那位陆令萱，听见舅老爷要接到任上去住几个月，他就一力撺掇。也不管一个太原总兵有多少项，就想捞钱。”“虽然不是亲儿子，比亲的还孝顺呢。这一到山西，母子同心，那衙门里就不用想安静了。”

顾太清同样没有森严的等级观念，待人平和。如《哭石榴婢》：

哀哉石榴婢，相随仅七年。
十三初识面，问答两投缘。
慧性深知我，痴心望学仙。
略能探妙微，亦解诵诗篇。
才见优昙现，旋罹恶疾缠。
游魂返寥廓，湛露散风烟。
切切怜新鬼，茫茫葬薄田。
赐衣同挂剑，送汝镇长眠。

又如《鹊桥仙·梦石榴婢》：

一年死别，千年幽恨。尚忆垂髫初会。
眼前难忘小腰身。侍儿里，此儿为最。
悠悠往事，不堪回首。空坠伤心清泪。
夜深时，有梦魂来。梦觉后，话多难记。

把婢女看作是自己的朋友、亲人，婢女死后对其还念念不忘，一年分别的思念却衍化出千年的幽恨，点点都化作伤心清泪，“赐衣同挂剑”只愿“汝”能安心“长眠”。顾太清不仅对身边的婢女能够相惜爱怜，对普通百姓也有着悲悯之心，如《江神子·浴佛日喜雨》中，“阿香油壁碾轻车，电光加，掣金蛇。一夜甘霖，普济万千家。今岁麦秋知有望，民之乐，乐无涯。”此时的雨已不是来咏怀自我的寄托之物，而是与万千百姓相关的及时雨，字里行间中充溢着顾太清与百姓共通喜乐的感情。

史湘云凄凉可叹的身世，历经艰辛的成长，少而守寡的境遇，养儿育女的苦楚，抑或是在这坎坷不幸的悲剧命运中表现的坚韧、善良，抑或是不可掩盖的才情，无一不暗合顾太清的现实经历。

解读顾太清——顾太清词的诗意化

沈善宝《名媛诗话》评太清的词，尤其赞赏她的“巧思慧想,出人意外”的构织。这确属太清词的一个突出特点。顾太清词虽然在题材上都是极平凡的日常琐事，但这些日常生活琐事被写进词里却充满诗意和韵味。如《茶瓶儿·病中谢友人赠茶》：

病卧闲愁如织，闷无聊、小庭人寂。倦梳慵裹浑无力，恰寄到、火前新叶。慰消渴情儿特，泛清芬、者般颜色。微黄娇能，碧香生颊。一缕、淡烟禅榻。

朋友送一包新茶，这只不过是生活中极细小的一件事情，但在太清笔下却充满感动，原因是写这首词时，太清四十一岁，丈夫刚去世一年，生活上正处于极其艰难困苦阶段，深重的精神创伤使她倦梳慵裹浑无力，心境极度抑郁，友人送来的新茶使她精神为之一爽，愁闷顿消！她的情绪振作起来，由压抑沉闷而变得安详宁静。

《金风雨露相逢曲·谢湘佩寄并州剪》

芭蕉敲雨，梧桐坠露，又是新秋到了。无心写景欲言情，当不得、神魂颠倒。

萧斋兀坐，愁怀难遣，恰好故人书到。并州快剪寄将来，剪不断、相思萦绕。

这词是写女友从远方寄来一把并州快剪，“恰好故人书到。并州快剪寄将来,剪不断、相思萦绕”。这些琐细的日常生活事件写进词里,就被赋予了特殊意味,有了浓浓的诗情。

这里再举一首她的《定风波·咏紫玉钗》为例:

秋雨浪浪湿碧苔，庭花无数雨中开。一种看来颜色好，袅袅，浑疑仙子御风来。

羽盖似将云影护，丰度，罗衣偏爱淡霞裁。应是玉妃微醉后，轻溜，鬓边卸下紫鸾钗。

这是一首咏物词，咏紫玉钗，但通篇写花，不知和“紫玉钗”何关。原来花是天上仙子下凡所幻化，紫玉钗是她不经意从头上摘下来而遗忘在人间的。读至末句，人们才恍然大悟，因而钗的珍奇也就尽在其中而可不必费辞了。末句有画龙点睛之妙。此全赖词人巧思慧想的构织。

顾太清将日常生活诗意化，甚至于将“喂猪”这样的“鄙事”，写得韵味十足。在她的《东海渔歌》中有《唐多令》这样一首词：

十月十日，屏山姊月下使苍头送糠一袋以饲猪，遂成小令申谢风起又黄昏，鸦栖静不喧。拍幽窗，霜叶翻翻。把卷挑灯人未睡，酌杯酒，默无言。明月满前轩，天高夜色寒。有苍头、待月敲门。一袋糟糠情不浅，感君恩，养肥豚。

这首词真实具体地表现生活中的人间真情。由词的小序知道，这首词写于道光十九年十月十日。这一年太清四十一岁，丈夫去世后她被赶出王府，儿女幼小，生计艰难，情绪抑郁。此时，闺中密友项屏山对她非常关心，给了很大的精神安慰。词真实记载了生活中这件小事，没有任何虚构雕琢。况周颐对这首词评道：“饲猪鄙事，入太清词乃韵绝无伦。”之所以能将“饲猪鄙事”写得“韵绝无伦”，一是词创造了幽谧静雅的诗歌意境:深秋黄昏，窗外明月高寒，霜叶拍打幽窗，衬托出词人孤凄落寞的心境。二是虽为短小的令词却富于起落变化的韵致。上阕写词人心境抑郁忧闷，情绪低落，下阕却因女友项屏山家苍头 (仆人) 的到来使她这种低迷的情绪刹那间为之振作，词情有抑扬起落变化。词中还体现了女性特有的对生活细节的敏锐把握，如“待月敲门”，既是这天晚上这件事情的纪实，又有幽寒清寂的诗意美感，让人联想到" 僧敲月下门" 的意境。她的词是真实生活，又是诗意化的生活真实，两者达到了浑然天成、韵绝无伦之境。

第九章

赏佳作，洞悉红颜才女

人总说红颜女子多薄命，但诸如顾太清之流的才女，除了让后人嗟叹之外，更给天下人展示出了一种精神的超脱，异样的风采。她作诗词全凭才气，潇洒自如，实属难得。

《太清集》概述

民国时期孟森的《丁香花》一文是对顾太清生平及著作概述的文章，其中关于太清作品的叙述颇多，对后人研究顾太清颇有助益，现将其相关文字摘录如下：

《太清集》有戏拟艳体四首，观其编年之次，当是道光十年庚寅。作诗云："亚字阑干曲径通，美人家在绿杨中。秋千小院闲金索，芳草长堤老玉骢。流水飞花随去住，断虹残日各西东。武陵洞口云深处，踪迹难寻踏雪鸿。""十二珠帘控玉钩，晴丝花片总纤柔。朱阑寂寂双飞燕，绿水沉沉数点鸥。杨柳楼台经过处，碧桃门巷记曾游。美人一去余芳草，断雨零云古渡头。""细草花各断肠，美人去后有余香。巫峰挟雨原非梦，洛浦临波太近狂。日暮藤萝空密密，天寒修竹自苍苍。回环江水无穷碧，可许相随一泛航。""采采芙蓉洛浦姿，碧阑晴雪落花时。一溪春水浮山影，尽曰灵风扬柳丝。玉笛闲吹翻旧谱，红牙低拍唱新词。娉婷合是神仙侣，小谪人间归去迟。"观此可想其风致。其余宗室王公，如定郡王之流，恒有篇什相投。定公与太清据丁香花诗，眷属本有往还，诗词酬答事所容有。太素逝后，长子载钧袭固山贝子，与太清极不相能，变乱太素存曰所经营之手泽，不恤南谷坟茔，屡见《太清集》中。则造作蜚语以诬太清，当是载钧辈所为。太清于戊戌七夕，遭太素之变，旋于是年十月二十八日，以姑命移民邸外，卖金凤钗。《购宅》诗载《集》中，诗有“亡肉含冤谁代雪”之句，用《汉书·蒯通传》里妇夜亡肉，姑以为盗，怒而逐之事，具见家难之作。太素存日之情好，一亦为家庭相怨之媒，当时想有以太清文采跌宕与内言不出之旨相违，因有流言涉及定公辈者，故士大夫间口耳相传，至今以为谈柄。然定公己亥出都，《杂诗》所忆，尚在太平湖之丁香花，其时太清实已移居，诗自忆花，乃与其人无预。《太清集》中有一题云：《自先夫子薨逝后，意不为诗。冬窗检点遗稿，卷中诗多唱和，触目感怀，结习难忘，遂赋数字，非敢有所怨，聊记予生之不幸也。兼示钊、初两儿》。此诗中有“斗粟与尺布，有所不能行”二语，则家难作于载钧之嫌恶其弟可见。养马营宅即见此诗，自注：“地近平则门。”盖距太平湖数里矣。文人附会何所不至，太清遗事发自冒氏。冒氏附会之迹，更有一奇。《太清集》有《六月十五日，山东苗道士寄来七寸许小猴一双，每当饲果，必分食之，似有相爱意，诗以纪之》一首，冒氏于诗后忽缀一语曰：“此亦长安俊物也。”骤见之不知为何意，意其赏此猴耳。既而按定公《己亥杂诗》，太平湖丁香花之下一首为《忆北方狮子猫》，诗云：“缱绻依人慧有余，长安俊物最推渠。故侯门第歌钟歇，尚办晨餐二寸鱼。”长安俊物字出此。冒氏盖以与定公注射也。幸而太清自咏小猴，设亦有咏狮子猫诗，则将谓与定公所忆同是一猫矣。太清负盛名，定庵才调尤为世人宗，仰得纽为一谈，自足风靡一世。冒氏校刻《太清集》，在清宣统元年己酉，嗣是而后乃有丁香花公案之传言，或者即冒氏据太平湖之地名，牵合龚集而造为此言。今乃藉藉人口，遂不知其所自起欤？抑冒氏自称为得闻太清遗事于周先生，此游谈亦为周先生所口授？从前说，则造因直始自冒氏；从后说，则如余前段所述。

《太清集》仅有《天游阁诗集》行世。其《东海渔歌》，半塘王氏所常以不得《渔》、《樵》二歌为恨事者，即朱希真《樵歌》及此也。半塘后卒得《樵歌》付梓，而《渔歌》杳然。冒氏集首《弁言》则曰：“今年春，黄陂陈士可参事毅得此册于厂肆。凡诗五卷，阙第四卷。词四卷，阙第二卷。中多割裂。盖当时未经写定之本，略为排比，间加考证，以诒好事”云云。又《集》中柳枝词十二首后，冒云：“此十二首，太清有朱笔自题其上曰：‘此移入《东海渔歌》集。’则为太清所手定之本矣。”据此，则冒从陈士可所获之本付校，陈所获有词四卷，但阙一卷，即《东海渔歌》亦见于世，何以册尾仅夔笙兰云《蒌寝楼笔记》一则，转录其词四首？况氏笔记仍以未得《渔歌》为恨，并言：“《天游阁诗》写本，己丑春余得于厂肆地摊；《东海渔歌》，求之十年不可得。仅从沈善宝《闺秀词话》中得见其五阙，录其四”云。冒既得太清词，何以仍用况氏笔词所录四词，示《渔歌》之一斑？然则前弁言谓何？何以不并付刊？即有去取，亦应自出手眼，何以仍况氏未见《渔歌》口吻？

冒君于报章见此稿，即来访。云：“《天游阁集》后所引况氏笔记，实系旧笔。既得《东海渔歌》后，付梓时忘未删除。又《渔歌》所阙第二卷，近又得之，补印入集，板存西泠印社”云云。至太清事迹，冒君谓“无以难我”，然终信其旧闻为不误，并非由己始倡此言。“丁香花”诗以“缟衣人”三字，指为定公眷属，冒君谓用诗语为解，会意甚正当，故无可非难。至长安俊物一语，当时本关合定公诗，语甚含蓄，经仆揭出，遂尔透露，言次若有微愠也。定公与太清事，今京师士大夫多争言其确者，如罗瘿公之流是已。存此与世人永久质之。一时喜新好异之谈，固未能以此雅兴兴耳。

男中成容若，女中太清春

因了中国文学史编写体例的缘故，国人多惯于称道“唐诗宋词”，更有断语云“唐诗之后无诗，宋词之后无词”，又何异于青黄瓜之后不知有金棒槌耶?

晚唐是词的春萌，五代相当于初夏生长期，两宋则是词的盛夏黄金期，元明两代却如秋风起寒霜降，叶落花凋一片颓败，晚明陈子龙云间词派力挽颓风，跨元明而标举晚唐北宋，廓清腐枝败叶，呈现一派秋高气爽的清明气象，自此而起，清代词坛繁荣发展盛况空前，词作浩繁，词家辈出，词派纷呈，词风多元化，词话理论成熟，词的创作得到普及，是为词硕果累累的秋熟期，词评家称之“中兴”。严迪昌先生在《清词史》中指出，据编纂《全清词》（顺康卷）所得词量推测，清词总量当在20万首以上，词人数量也多至1万之数，大大超越之前历朝历代——这是上世纪80年代末的推论，依照目前研究结果看，有清一代词的总量绝对远远超出20万之数，甚至可能近乎2倍。

清词中兴，还有一个重要标志就是闺秀词人群体的形成，不但人数众多，创作量大，而且不再拘囿于家族，出现结社团体，有不少风格独特的名家，并形成女性自己的创作理论，女性词也进入了一个前所未有的繁盛期。

徐灿，在兴亡衰替中捕捉空茫与幻灭感，一扫女性词的纤巧逼仄，从宽度与深度上拓宽词境，词作深沉韵厚，被陈廷焯推为本朝第一，李清照之后又一人，著有诗余三卷。

吴藻，天才词人，出身商贾之家，嫁与商贾，有着与朱淑真同样的婚姻愁闷，却转而为内敛沉郁，创作上集晚唐两宋名家之妙而自成一家，传世有散曲，杂剧，以及词集两卷。

沈善宝，早岁不幸，凭刺绣绘画维持生计，后家人相继亡故，她一人葬八棺，以一已之力自立于世，并有意识地弘扬女性文学创作，搜集女性作品，著成煌煌十五卷的女性诗话。

熊琏，庄盘珠，关秋芙，谈印梅，吴尚熹，吕采芝……还有随园女弟子，阳湖张氏诸女，等等，不胜枚举，璀璨绚丽，以天上繁星作譬亦不足形容其好。

但不管是怎样大小的一部，有一个人必会列有一席之地，实际上即使是整部古代女性文学史，这个人也是任何评家都难以忽略掉的——她就是西林春，世称“顾太清”者也。

王国维先生在《人间词话》中评纳兰词曰：“纳兰容若以自然之眼观物，以自然之舌言情。此由初入中原未染汉人风气，故能真切如此。北宋以来，一人而已。”从同为满洲词人，不落汉人窠臼，自由抒写性灵的层面上看，顾太清和纳兰性德是完全一致的，甚至可以说，纳兰词之言愁，基本上还是对于词抒情传统的承继，而太清词的和缓舒展，自然洒脱，尤其明白如话处，更为接近“自然之舌”。若要仿照观堂先生词话，选纳兰词与太清词中最能代表各自特点的语句点评二人，当如此说：“夜深千帐灯”，容若语也，其词品似之；“归骑踏香泥”，太清语也，其词品亦似之。殆近之欤？

词评家也爱将两人并举，最早是王鹏运的说法：“满洲词人，男中成容若，女中太清春而已。”后来况周颐将之延展细化，分析甚为得当：“曩昔某词话谓‘铁岭词人顾太清与纳兰容若齐名’，窃疑称美之或过。今以两家词互校，欲求妍秀韶令，自是容若擅长；若以格调论，似乎容若不逮太清词。太清词其佳处在气格，不在字句。”

《顾太清集校笺》解读

顾太清的诗词全帙《顾太清集校笺》，由中华书局出版。这是目前收录顾太清作品最全的本子，包括《天游阁诗集》七卷和《东海渔歌》词集六卷（顾太清尚有小说《红楼梦影》与戏剧《桃园记传奇》等，但古代集部著述的惯例，一般不收说部和戏曲）。因为，顾太清的丈夫奕绘，为荣恪郡王府贝勒。而荣王府这一系的全部家史，都藏在金启孮先生家，这为他们整理太清夫人的诗词提供了得天独厚的条件。

奕绘家族之外，虽然不乏功力深湛的研究者，但终究是隔了一层。从上个世纪起，冒广生就拿龚自珍诗“空山徙倚倦游身，梦见城西阆苑春。一骑传笺朱邸晚，临风递与缟衣人”之自注“忆宣武门内太平湖之丁香花”，和居住在太平湖畔的顾太清牵扯到一起，制造“绯闻”，至今各种猜测，仍然不绝于耳。但是有很多所谓“证据”，在金先生处只是满族人家居日用的常识。对太清诗词的解释，对太清家庭关系的介绍，都散见于注释中。例如描写演木偶戏有两句“驾赤豹，从文狸”，一般都认为是表演的热闹场面，其实赤豹和文狸是荣府两个家仆的名字。太清夫人为何被迁居出府？作为侧室，和嫡室关系如何？后来如何上诉申冤？本书整理者都根据独家资料，给出了令人耳目一新的解释。

现在我们喜欢看后宫、豪门题材的小说，按流行理论是寻找“代入感”。但代入的环境首先得真实。有志于写后宫小说者，真的应该看看顾太清的诗词，看看这些贵族女性实际上在干什么，想什么，否则会非常隔膜。《红楼梦》后四十回续貂的痕迹，许多就体现在这种隔膜上。这种隔膜不仅是民族差异，更多的是阶层的不同。以高鹗或其他续书者的出身，没经过没见过许多东西，所以也就不知道该让贾府中的金枝玉叶们做些什么。林黛玉看琴谱，宝玉一惊一乍，仿佛是遇见了天书。

清末许多词学大家推崇太清，至于说“男中成容若，女中太清春”（王鹏运语），而今天似乎变为渐行渐淡的背影。原因很简单：太清诗词并不香艳，也不幽怨，也没那么柔情，“任海天辽阔，飞跃此生中”，“瑶台种，不作可怜红”，这种超迈独立的意识随处可见，好容易有个“丁香花案”，还遭到了有理有据的批驳。这样的词人，如何能吸引眼球？

对待女性文学的心态，其实往往只是今天读者的一厢情愿。贵为福晋的太清夫人何必写些柔肠绕指闺情深怨来满足今天读者的需求呢？文学史不仅是作家和作品不断产生的历史，也是读者的阅读史，文学史由二者共同构成。女性文学，比起男性文学来尤其倚重后者——时代、读者群体、社会心态，甚至传播技术。也正像女性自身一样，更容易被人打扮。这种心态早就有。太清出游骑马不坐轿，本是满族习惯。而《清词玉屑》说太清“于马上抱铁琵琶，宛然王嫱图画”，《栖霞阁野乘》竟演成太清“作内家装，于马上拨铁琵琶，手白如玉，见者咸谓王嫱重生”。金启孮责之为“女子一骑马，就得抱琵琶，而且就像王嫱”，是

"浅陋的无枝生叶的记载"。而细读太清诗词和她的人生经历之后，我们也会发现，这种记载确实无聊。王嫱和顾太清，根本就是不搭界的两个形象。王嫱号称是做了单于的妃子，其实早就入了四美、十美图，接收着大众审美的眼光；而太清夫人依然是荣府福晋，很难被后人恣意打扮，尤其是在旧贵族磨灭殆尽的今天。这种不伦的比拟，最终也没有附着在太清夫人身上，进入一般读者的视野。正如仙女之天华虽众，而终不能及于菩萨之身也。

顾太清的词，况周颐评为"无人能爱，无人能知"，"以绝代佳人而能填无人能爱之词，是亦奇矣"。不错，若说顾太清诗词尚可为后人所称道，其原因恰恰就是并不可爱。

顾太清并不香艳。按说她和奕绘伉俪情深，传为佳话。可是，读者要想从中找"料"，那可真打错了主意。其实，"枕边发尽千般愿"，"上邪我欲与君相知"，这只能是情人、恋人，而肯定不是夫妻之间的话。太清称奕绘为"夫子"，和诗称"恭和"，上坟称"恭谒"，相待以礼。奕绘深通经学，夫妻往往论道到深夜。这是奕绘他们这个阶层的真实生活。

尽管有悲哀，有愤懑，但从没有过彷徨失措，软弱无助。她知道什么时候该去做什么。她会管理府中庶务，懂得如何与嫡系相抗争。她的儿子载钊本生于七月初七（见载于宗人府档案），但丈夫奕绘也恰于此日逝世。当时府内迷信，认为奕绘是被"克"死的，迫使太清携子迁出府邸。为此她故意写诗《七月初九清风阁望钊儿》："老眼凭高看不清，忽闻林际马嘶声。今朝驰马登山者，十七年前此日生。"制造舆论把载钊的生日改迟了两天，不可谓不工于心计（此事若非金先生发微，他人何由知晓?），然而在当时的环境下，她也只能这样做。顾太清的词里看不出多少幽怨，可想而知，一位仆妾成群，"御下明察"的福晋该有什么样的范儿。

她身边聚集了一大批闺阁词人，如沈善宝、李佩金，都是很有名气的。很像18世纪法国杜布雷夫人的沙龙，作家有了新作品都拿来朗诵。事实上，这些清代才女的诗词，也是先在这种类似沙龙的结社唱和中创作、朗诵，然后流传出去的。正如《红楼梦》大观园里结社作诗，很快社会上跟风者就传抄起来了。所以孟森先生在《丁香花》中说奕绘家“此亦当时一荣国府也”。而旧北京旗人中，尚流传有《红楼梦》即据荣王府为背景所写的传说。而顾太清少年时，常到荣府与府中诸格格相唱和，其身份颇似史湘云。

顾太清见双獾相依偎的小玉佩，即谓“君臣父子全”；见嫩柳，就说“谁把柔条染嫩黄，大文章”；见扭秧歌的农民，她教训说“插秧种稻，何曾能够？古遗风不守。可怜浪费好时光，负良田千亩”。放在过去，这就是地主阶级文学的典型罪状。但不要小看这个，这不是迂腐，不是无味，这是真实的意识形态。今天的后宫戏若缺少这些东西，再写得锦衣玉食、富丽堂皇、争风吃醋，也显得滑稽，所谓“无钱口数他家宝”也。

多姿多彩太清词

清代女性文学界万花为春，顾太清作为中晚清女性文坛的一朵奇葩，以其溶入了毕生心血的词作向我们展示了一位平凡闺秀女子不平凡的人生历程和心路历程。在顾太清丰富细腻的情感世界里，我们结识了一位待人诚恳、气质豪爽的脱俗女子；一位才学丰醇、天性聪颖的优秀词人。顾太清身上或多或少折射了清代乃至整个中国古代女性的生活与思想状态，从而使我们能够更设身处地地了解产生于彼时彼地的女性文学，感受其愈久弥香的魅力！

词作为顾太清成就最为突出的文学样式，颇具自我表现性，她的词是她真性情的流露：当她置身于自然山水之中时，词中的自然是其生活中宁静而温暖的港湾，又是其人生中其乐融融的归宿，在山水中她开阔了心胸，涤荡了性情，这让现实中的种种不快都转悲苦为欢愉，化矛盾为圆融，为读者自塑出一位徜徉于诗情画意中的女子形象；当她苦闷忧虑于酒与梦的世界时，词中的酒是其颐养性情，引发逸兴壮怀的“酵母”，而梦则让她的思想走出尘世的牢笼，四处任意奔突驰骋。借酒与梦带给她或实或虚的世界，为我们展示出她人生中或苦或乐的真实存在，传达出她的曲曲心声。

顾太清生活的时代，朝廷黑暗腐败，国家动荡不安，声势浩大的农民起义曾席卷大半个中国，西方列强入侵中国，当时的神州大地经常战火纷飞。作为一名心怀苍生的词人，顾太清时刻关注时事，常常为国家政治的黑暗、为战乱不已的时局而担忧，对生活困苦的平民百姓她更充满了真挚的感情，她时常把这种悲天悯人的情怀用词的形式表现出来。可以说，顾太清词纯粹是一种自我表现，是一种优雅的艺术。她把发生在自己身上、身边的事情，把自己的所思所想记录下来，加之她经常在词作的序言中标明写作的日期和场合，这样她的词读起来好像是她每日生活的记录，从她的词中我们可以了解她生活的点滴，而且在这些作品中，顾太清并非单纯地抒发一己私情，而是融入了自己对国家、社会、人生的认识与思索。

太清词写得最多的是她自己的生活感触，其中有时令节序，春花秋月的咏叹，亲朋闺友的聚散，家庭天伦的欢乐等等。大量的作品是属于纪游、咏物和诗词绘画的题咏，表现她生活的哀乐，感情真挚，笔法细腻。大量的抒情词，寄寓着她的人生理想，在太多的坎坷不幸的悲剧命运中，又表现了她坚韧的闺阁个性。

作为闺阁词人，顾太清将常见的生活题材表现得多姿多彩，在言情的同时自自然然地叙事、抒情、说理，自然地形成一种脱俗的词风，有较强的艺术性与哲理性，休现了她思维的敏捷和深度。

太清少时即有才情，“诗词书画均精诣”，嫁给亦绘后，因衣食无忧，又兼夫君生性风雅，喜吟词作赋，故得终日游逛山水之间，拔丝弄弦，夫唱妇随。此一阶段太清词多为夫妇唱和之作，或与友人相酬酢，皆清丽婉转，巧思慧黠，有清照前期遗风，且看：

《风光好·春日》

好时光，恁天长。正月游蜂出蜜房，为人忙。

探春最是沿河好，烟丝袅。谁把柔丝染嫩黄，大文章。

《江城梅花引·雨中接云姜信》

故人千里寄书来。快些开，慢些开。不知书中，安否费疑猜。别后炎凉时序改，江南北，动离愁，自徘徊。徘徊、徘徊、渺予怀。天一涯。水一涯。

梦也梦也，梦不见，当日裙钗！谁念碧云，凝伫费肠回？明岁君归重见我，应不是，别离时，旧形骸！

两首词语言浅显，情深真挚，一派幸福娇憨小女儿姿态，再如其送春词两阙：

《江城子·落花》

花开花落一年中，惜残红，怨东风。恼煞纷纷，如雪扑帘栊。坐对飞花花事了，春又去，太匆匆。惜花有恨与谁同！

晓妆慵，特愁侬。燕子来时，红雨画楼东。尽有春愁衔不去，无才思，是游蜂。

《如梦令·送春》

昨日送春归了，枝上残红渐少。帘外绿阴多，满地落花谁扫？

休扫，休扫，一任东风吹老。

此两词虽有化用辛稼轩“匆匆春又归去”和李清照《如梦令》之嫌，但能蓄新出秀，意境或也不输，且顾词常有惊人之句，高远直逼东坡，为李所不逮，如：

《江城子·记梦》

烟笼寒水月笼沙，泛灵槎，访仙家。一路清溪、石桨破烟划。才过小桥风景变，明月下，见梅花。

梅花万树影交加，山之涯，水之涯，淡宕湖天、韶秀总堪夸。我欲遍游香雪海，惊梦醒，怨啼鸦。

《醉翁操·题云林〈湖月沁琴图〉》

悠然，长天，澄渊，渺湖烟，无边。清辉灿灿兮婵娟，有美人兮飞仙。悄无言，攘袖促鸣弦。照垂杨、素蟾影偏。羡君志在，流水高山。

问君此际，心共山闲水闲？云自行而天宽，月自明而露漙，新声和且圆。清徽徐徐弹，法曲散人间，月明风静秋夜寒。

可惜“良辰美景奈何天，赏心乐事谁家院？”道光十八年时，奕绘病逝，顾太清40岁中年丧夫，此时又发生了为史学家语焉不祥，为小说家津津乐道的“丁香花公案”（顾、龚之遗事非本文所旨，所以不予赘述），遂被长子婆母逐出家门，携子女“移居西城养马营，赁屋数间暂居。”颠沛流离，备极凄惶，然而亦使得其词风大变，由清丽转而深沉，由明艳转而晦暗，此于李清照变故前后之词风蜕转相一致，不过由于其家国之乱毕竟未若李深，其身受之痛也毕竟未若李切，而后又因其子袭爵而得以繁华如故，故其词风之变也未若李之激切显明，其词之深沉低徊也未能若李者，于黯淡中有别情：

《金缕曲·自题听雪小照》

兀对残灯读。听窗前、萧萧一片，寒声敲竹。坐到夜深风更紧，壁暗灯花如菽。觉翠袖、衣单生粟。自起钩帘看夜色，压梅梢万点流玉。飞雪急，鸣高屋。

乱云黯黯迷空谷。拥苍茫、冰花冷蕊，不分林麓。多少诗情频在耳，花气熏人芳馥。特写入、生绡横幅。岂为平生偏爱雪，为人间留取真面目。

除词外，太清于诗也颇有造诣。太清生活的大转折，自然会付诸笔端。她的《购得住宅》便是这一生活的记录：

仙人已化云间鹤，华表何年一再回。

亡肉含冤谁代雪，牵萝补屋自应该。

已看凤翅凌风去，剩有花光照眼来。

几坐不堪思往事，九回肠断寸心哀。

太清的命运令人同情，但没有谁能够切实的帮助她。诗中用《汉书·蒯通传》中的“亡肉”典，诉说了自己的悲惨。“亡肉”的故事是说，一家夜里丢了肉，婆婆便认为是媳妇偷了，盛怒之下将媳妇逐出家门。幸亏有人出面说明肉为邻家之狗叼了去，媳妇才洗雪了冤耻，得以重归家门。但太清之被逐却无人过问，此诗抨击了封建礼教下家长的专横不察，反映了贵族家庭的伦理关系，也为研究太清生活的后人提供了依据。

“丁香花公案”时，其曾写过一首述怀诗如下：

陋巷数椽屋，何异空谷情；呜呜儿女啼，哀哀摇心旌。

几欲殉泉下，此身不敢轻；贱妾岂自惜，为君教儿成。

此诗虽述哀情，然清朗有骨，鄙以为有古乐府风。

顾还写过一些回文诗，虽为文学勾弄游戏，然丝毫不觉捍格，足以见其才情，兹录其二：

之一

秋江一钓野情闲，赤叶枫林映碧滩。游子客途乡渺渺，寺楼山曲路漫漫。

幽窗夜火孤村远，阔岸荒沙落月残。舟泊晚凉初过雁，愁生更尽望江寒。

之二

台高接影云山远，漠漠烟溪碧绕廊。回浪细翻平柳岸，小舟轻荡乱花塘。

罍樽泻露清珠晓，簟枕浮光素月凉。苔径覆篁新过雨，晚蝉鸣处动荷香。

太清对民生疾苦也很关心。道光二十一年（1841），四月初八浴佛日恰逢一场大雨，词人欣喜之下填了《江城子》词一首：

阿香油壁碾轻车，电光加，掣金蛇。一夜甘霖，普济万千家。今岁麦秋知有望，民之乐，乐无涯。

新荷闹雨听鸣蛙，绿阴遮，暗窗纱。晚起钩帘，残溜滴檐牙。人向画栏干畔立，罗衫薄，受风斜。

同年又有《蓦山溪》词写游慈溪看捕鱼，生动地写了“临水野人家，好生涯，叉鱼活计”的渔家生活。这位久处深闺的词人，不仅为呼吸到了乡间的新鲜空气而欣喜，还赞叹地看到了下层人民的辛勤劳动。

太清的咏怀之作，都是那么清新明丽，似在与友人侃侃而谈，全无造作之笔，表明她驾驭诗词的能力是超群的。如《浣溪沙·中秋作》：

楼外秋寒知不知，看看又到菊花时，斜阳西下影如驰。

去日已多来日少，来何欢喜去何悲，且斟美酒对清辉。

太清词警句颇多，让人喜爱。如，《步蟾宫·至日》里的“自知不共世人妆，何必问画眉深浅。”《惜分飞·看童子抖空竹》里的“人间事，观愚智，大都制器存深意。理无穷，事无终，实则能鸣，空则能容。”哲理警句，脍炙人口，同时融有禅宗理念。这种思想可以使她摆脱由于祖父获罪，自己改姓换名及侧室的身分等诸多烦恼。她的《浪淘沙·偶成》，将这一思想表露无遗：

人世竞无休，驿马耕牛。道人眉上不生愁。闲把丹书窗下坐，此外何求？

光景去悠悠，岁月难留，百年同作土馒头。打坐身心安稳处，顺水行舟。

词中对“道人”的闲适羡慕不已，对身边发生的事取“顺水行舟”的态度。由此可以理解太清看透了人生：“百年同作土馒头”，何必“竞无休”，表现了她乐天达命，随顺自然的思想观念。这是她历经生活的坎坷而得到的人生感悟。

太清写景诗词，往往涉笔成趣，描景状物尤显其长。如《定风波·水仙》：

翠带仙仙云气凝，玉盘金露泻金精。最是夜深人入定，相映。满窗凉月照娉婷。

霁色江天香更好，缥缈。凌波难记佩环声，一枕游仙轻似絮，无据。梦魂空绕数峰青。

水仙之美跃燃纸上。此词虽多处用典，如“凌波”见于曹植《洛神赋》“凌波微步，罗袜生尘”，写洛神美好的步态；又指水仙，因其有“凌波仙子”之称。再如“佩环”，实际应是“环佩”，为合韵律可以调换词序，见于杜甫诗句“画图省识春风面，环佩空归月夜魂”，是写中国历史四大美女之一王昭君的。这些用典仿佛自然天成毫不生硬。全词首尾呼应，余韵绵长。再如《浪淘沙·冰灯》：

宝塔十三层，楼观飞惊，清凉世界住飞琼。姑射仙人肌胜雪，玉佩瑽琤。

巧制太轻盈，细镂坚冰，六鳌海上势崚嶒。看到雪消明月夜，万点寒星。

描绘了冰灯制作的精巧，十分传神，可谓曲尽妙处。

太清的记游之作，记录着她与文友、方士、闺秀的交往，由此可以看出太清待人纯真，心迹往往不加掩饰。通过这些诗作，可以找到太清生活与思想行为的轨迹，如《往香山访家霞仙妹作》：

春日欣人意，侵晨出郭门。
东风吹宿麦，西岭上朝暾。
刺眼看新柳，留心认新村，
思君何谓远，里数不须论。

太清有妹西林旭（1820年前后在世），字霞仙，亦善诗，有《延青阁诗草》。此诗是记太清去香山看她。一句“里数不须论”，把一掬真挚的情感捧到读者面前，让人感受到太清的豪爽气。再如《已丑岁暮雨后同霞仙七妹游万寿寺作》：“春雨初晴后，郊原望远峰。山高犹见雪，风定不闻钟。竹里禅房静，门前溪水溶。同来大喜欢，日色满苍松。”诗中将近远，动静、山水，景情包容于一诗，有情景交融之美。类似的诗还有《同云林、湘佩游尺五庄怀纫兰》：

韦杜城南近水滨，花田菜圃净无尘。

烟开夏木逢新雨，香满池莲忆故人。

千里关心应念念，旧游回首记真真。

碧筒且尽今朝醉，斜日鸣蝉送画轮。

太清为人善良，她的这一品格在其诗中亦有所反映，她虽是奕绘之妾，但对奕绘的正室妙华夫人却一片真诚，彼此结下深厚的友谊。在妙华周年忌日时，她让自己的亲生儿子前往祭奠，并写下了感人肺腑的诗句《七月三日夫人期年 遣五儿载钊往祭痛成二绝句》：

悠悠生死一年别，

忽忽人情几度催。

金顶山头风雨夜，

殡宫哭奠一儿来。

在另一首《春游》诗前小序中，这一心情再度记录下来：“花朝后同夫子携儿女宿潭柘。十二年前，曾侍夫人游。今日重来，山径犹然，人事殊昔。昔日从者，竟无一人，得不感哉。遂赋五言三章。”太清待人之诚，溢于诗章。

顾太清的诗词，主要是通过个人生活的描写，表现了对辛福生活的赞美，对个人坎坷的感叹，对弱者的同情，对美好事物的追求，对知己的缅怀。通过这些诗词，可以看出她对民众疾苦的关心，对妇女命运的同情与关注，因而具有大众的可读性。

顾太清生活在清朝“乾嘉盛世”以后迅速走向衰败没落的封建社会末期，又遭逢鸦片战争，感受到了那末世的悲凉。她的诗词，反映了那个时代的没落。“晨梦半生吹短发，清歌一曲送斜阳”（《九日登后山》之二）。在《鹧鸪天·傀儡》一词中，她借木偶傀儡，讽刺封建官僚腐败无能，平时却作威作福，欺压百姓：“驾赤豹，从文狸，衣冠楚楚假威仪。”实际上他们是无用之物，“下场高桂成何用，刻木牵丝此一时”。英法联军殖民主义的侵略，也在她诗词中有所表现。“相把袂，语悲伤，说离乱兵荒。叹年来，惊惊恐恐，无限凄惶”（意难忘·哭云林妹》，记述了许云林去世前刚从杭州回京，说到家乡自鸦片战争以来所遭到的侵略荼毒之苦。1860 年英法联军攻打北京，焚毁圆明园，纵兵在京畿一带烧杀抢掠。顾太清也有诗《咸丰庚申重九有感》以记载，诗前小序写道：“湘佩书来，借居避乱，数日未到。又传闻健锐营（按在北京香山）被夷匪烧毁，家霞仙不知下落，命人寻访，数日未得消息，是以廿八字记之”。诗中抒发了“欲插茱萸人不见，满城兵火过重阳”的悲伤和愤怒。

统而观之，顾太清的作品情真意切，语言清新流畅，朗朗上口，写景状物抒情浑然一体，既有格律派词的深稳精纯，又有豪放派的雄放气势，构织慧巧，出人意料，风格独具，魅力无比。

顾太清咏物词的艺术特点

顾太清的词，题材和情感比较丰富。游赏、唱酬、交游、题画、咏物、咏怀等文人士大夫作词的基本媒介和主要题材，她都一一尝试过。在最能检验词人的艺术功力和灵性感受的、咏物词的创作上，太清的作品不但数量多，而且成就很高。咏物词表现她生活的哀乐，感情真挚，笔法细腻。

她的词仅明确咏物的就有50余首，如果再加上其他题材中咏物倾向较突出者，大约占近一半的数量。这些词不仅吟咏梅（《入塞·盆梅》、《辊秀球·咏绣球梅》、《玉连环影·灯下看腊梅》等）、海棠（《海棠春·海棠》、《忆秦娥·白海棠》、《定风波·雨中海棠》、《金缕曲·咏白海棠》等）、茉莉（《浣溪沙·立春前三日咏盆中茉莉》）、荷花（《凄凉犯·咏残荷，用姜白石韵》）、菊花（《破沙蛮·端午前三日咏盆中茉莉》）、荠菜（《鹧鸪天·荠菜》、《鹧鸪天·元日咏荠菜》）、柳树（《垂柳·秋柳》）等多种植物，还咏蟋蟀（《凄凉犯·络纬》）、蝴蝶（《醉花阴·咏蝶》）等之类动物。各种手工艺品（《定风波·咏紫玉簪》、《玲珑四犯·自制凤凰衣萤灯》、《舞春风·咏花幡并序》、《浪淘沙·冰灯》、《太常引·玉簪》）、食物（《定风波·谢云姜妹赠蜜荔枝有感》）和其他事物，种类繁多。

顾太清的咏物词多借鉴宋人技法，特别是一些著名的咏花词的写作更是深得宋人之技巧。咏物词中，咏花技法的运用似乎从宋代周邦彦(号清真居士）始。

太清词就效法了周邦彦词的淳雅和工于用典。下面的一首《探春慢·题顾螺峰女史韶画< 寻梅仕女>》就是更具备这两个特点的:

寒浦藏烟，小桥堆素，人与花分清澹。竹压枝梢，松培老干，簌簌琼英霏霰。才试着花气，早望见、朱栏一半。若非群玉山头，月明林下香散。

可是汉家宫苑？又不似唐昌，树底忽见。黄鹤楼中，玉门关外，不许笛声吹怨。留待东风至，却还怕、绿阴争暖。笑拈花枝，归来香满庭院。

梅开在冬春雪中，所以词中处处写雪，但不见一个雪字出现，见到的只是“小桥堆素”，“竹压枝梢”，“群玉山头”等等的景象。微风吹过，又见“簌簌琼英霏霰”，也是写雪。写梅，而只觉其“花气”，嗅到它的“香散”，这种曲折隐约的写法，是欲避其浅俗而显出工雅。词中又连用“汉家宫苑”，“唐昌”和“黄鹤楼中、玉门关外”的笛声，用典故而显其厚重感。所以况周颐要说太清词“得力于周清真”了。

顾太清早期的词作中就有许多惜花和伤春悲秋的作品，如：

好花枝，正清香欲破时。似霓裳一曲，奏罢下瑶池。红也宜，白也宜。小楼夜凉月影移。短屏山，衾冷梦迟。洞天深处护冰姿。蜂不知，碟不知。《入塞. 盆梅》

在冰天雪地的冬天，腊梅的幽香最是沁人，" 好花枝，正清香欲破时"。但词中的早梅，尚含苞欲放，所以说" 香欲破"，具有诱人的气质。它的姿容，" 似霓裳一曲，奏罢下瑶池"，就像是舞罢的仙女，那样玲珑的姿容，正是" 红也宜，白也宜"。所以，它给女主人公的期待，必然美好无比，浓妆淡抹皆所宜。下阕写夜，主人公夜不成寐，可能在回味白天赏梅的感受。夜凉如水，独立小楼，眼看着月影不断移动。这不仅是空间的" 夜凉"，还有被中的" 衾冷"，所以总是难眠，总是" 梦迟"，然而，这盆梅花陪伴词人度过了孤寂的的夜晚。" 洞天深处护冰姿"，女词人爱花，护花的心态跃然纸上。这首词就是通过描写赏梅来刻画一个情感丰富、纯真可爱、热爱自然的女性自我形象。

顾太清的咏物词以其独特的艺术魅力，为她在词史上的地位奠定了坚实的基础，此外，顾太清以其满族女词人的特有身份，为八旗词人群体更增添了绚丽的色彩。

太清诗词版本的研究

关于太清诗的版本，据李灵年、杨忠主编《清人别集总目》著录，国内现存有三种本子：第一种是中科院藏清稿本《天游阁集》5卷，该书缺卷四；第二种是宣统元年南陵徐氏刻本《天游阁诗集》2卷，北京图书馆、上海图书馆、南京图书馆有藏；第三种是宣统二年排印“风雨楼丛书本”《天游阁集》5卷诗补1卷附录1卷。张璋《八旗有才女，西林一枝花——记清代满族女文学家顾太清》一文又记载有几种版本，并对之作了更为详细的介绍和说明：第一种本子为陈士可收藏的初稿本，这是太清诗的祖本，上有她的朱笔眉批，共收诗521首；第二种又称徐乃昌刊本，也即上面所说的南陵徐氏刻本，分上下两卷，共收诗197首，皆为早年之作，所收有许多为其他版本所缺；第三种版本即风雨楼刊本，它是根据陈士可藏本刊印的，但将陈氏藏本中第五卷拆为四、五两卷，另又加入补遗6首，共收诗527首；第四种本子为日本内藤炳卿收藏的另一种抄本，这个抄本的第一、二、三、五各卷，与陈士可所藏的原稿本大体相同，此外还补抄了第四、六、七卷，形成了比较完整的七卷本，共收诗768首。张璋综合上述各种本子，又经过国内外的广泛搜集、补充，将《天游阁诗集》调整为九卷本，将上述各本所收之12首《柳枝》移至词集，共收诗826首，这是目前所见最完善之版本，此集与奕绘诗词合编为《顾太清奕绘诗词合集》，1998年由上海古籍出版社出版。最近，卢兴基又指出太清诗共有3个抄本。卢兴基推测，这个本子是抄录者不待太清正在继续创作即录副的本子，其中仅见于徐藏本而不见于其他各本的诗竟达34首之多，“说明这个本的原抄本，是《天游阁集》的最早的一个抄本，太清后来编定时把它删去了许多”。关于太清诗还有《子春集》的说法，见于恽珠主编《国朝闺秀正始集》，但这个集子未见存本，关于它的构成情况有两种说法:一种说法是郭延礼、张钧等认为《子春集》即为诗《天游阁集》、词《东海渔歌》的总称；另一说法以卢兴基为代表，他认为《子春集》为顾太清早年诗集，即在今存《天游阁集》之前，顾春不但有诗，而且有诗集，这部诗集是太清的第一个结集即《子春集》，它收录的是道光六年以前的诗，这些诗就是收入《正始集》而不见于《天游阁集》的作品。

关于词集《东海渔歌》，据吴熊和等编《清词别集知见目录汇编》著录，现存《东海渔歌》有三种本子，一种是民国三年西泠印社刻本，一种是民国八年西泠印社刻本，一种是民国三十年竹西馆铅印本。关于这三个本子的情况是这样的:况周颐早年久寻太清词而未得，只是据传闻得知有可能在盛昱处，也有人说文廷式有传抄本。直到辛亥革命后的民国2年，由黄陂陈士可于厂甸觅得抄本《东海渔歌》残卷，陈氏将此抄本转让给冒广生（即序文中所说的冒子欧隐），冒氏又将此稿本转寄给况周颐，1915年况氏将之校勘并撰序，交由西泠印社刊出。然况氏所刊《东海渔歌》残卷，仅存卷一、卷三、卷四，该刻本以沈善宝《名媛诗话》所收太清词五首作为补遗，况周颐推定这五首当属于第二卷者无疑。后来朱祖谋又从绍兴诸宗元处得《东海渔歌》抄本之卷二，1933年由龙榆生刊布于《词学季刊》第1卷第2期，1941年王佳寿森将况氏刊本与朱祖谋抄本铅印合刻。很遗憾的是这一消息未能引起当时学界的重视，以致长期以来人们都是以况周颐校刻的西泠印社本为研究文本。值得注意的是况周颐将他从冒广生处所得抄本作了大量的删改，据张璋先生对比抄本和刻本统计，全稿共有160多首词，竟删掉8首，修改达80多首，占一半左右。张璋先生根据上述情况，将《东海渔歌》的本子归结为四种:第一种是陈士可收藏的初稿本，这是太清词的祖本，现存卷一、三、四计3卷，共收词167首；第二种是西泠印社刻本，亦即况周颐删改本，共164首；第三种为竹西馆刻本，共收词214首；第四种即日本内藤炳卿所收藏的抄本，收词6卷，共收词317首。张璋在上述各种本子的基础上，经广泛搜集而得词333首，这是目前所见最完善之版本，此集与奕绘诗词合编为《顾太清奕绘诗词合集》，1998年由上海古籍出版社出版。

解读顾太清——顾太清词中的童心

文学作品是一个作家个性、气质、修养和心性的自然流露。太清写诗词，能用灵动的文字、清新的笔调写出自己日常生活的点滴趣事和欢乐，以淡泊、自然、平和的心境去创造诗词，尤其在记叙她与孩子一起玩乐时，她也变得像孩子一样，能以孩子的眼光和心灵去品味人生的欢乐。

从哲学角度出发，童心应该是未经污染，没有掺杂虚假成分的明朗的人性和清净的思想，是人的本心本性。童心即小孩天真之心，也包括成人心中保存完好的纯净的儿时之心。孟子说："大人者不失其赤子之心者也。"明朝著名哲学家李贽将"童心说"发展成一个理论体系："夫童心者，真心也。夫童心者，绝假纯真，最初一念之本心也"太清出身书香之家，有着深厚的家学渊源，婚后与奕绘伉俪情深。在生活幸福美满的前期，奕绘用爱滋润着太清甜美幸福的生活，也用爱呵护着太清纯净的童心。于是太清将这种爱和纯真浇铸在自己的诗词中，词中多处流动着她俏皮可爱的童心。

如《浣溪沙·咏双鬟猧儿》，顾太清用儿童般的眼光去抒写小狗的一举一动：

怀里温存袖里藏，

蒙茸两耳系金珰。

双鬟小字最相当，

竹叶上窗惊月影。

花枝照壁吠灯光，

夜深轻睡枕头旁。

在太清的笔下，小狗一会温存在怀里，一会躲藏在袖口中，耳朵是“蒙茸”的，夜晚时分，花枝竹叶的影子投进屋里，不明缘由的小狗惊恐地对着影子汪汪叫起来。在太清的眼中，小狗“睡去拳拳堪入画，戏时小小可奇擎。娇音学吠未成声。”这些俏皮又温馨的字眼不仅让读者体会到小狗的娇憨可爱，更体现了太清孩童般的天真和纯洁的天性。

又如《惜分钗·看童子抖空中》：

春将至，晴天气，消闲坐看儿童戏。借天风，鼓其中，结彩为绳，截竹为筒。

词中“抖空中”指“抖空竹”，是一种民间的游戏，用两根短竹竿系上绳子，将空竹扯动旋转。太清用细腻的笔触描绘了孩子们玩空竹时的天真可爱。“消闲坐看儿童戏”更展现了太清童心世界的真率、自然。

太清不仅自己保持着纯真的童心，还将自己的童心灌注在孩子们的身上。她从日常生活取材，用自己的心描画孩子们自由自在的生活画面，用儿童般纯粹的心灵去抒写她对生活的热爱，乐此不疲地神游在孩子们的童真世界里，感受生活的美好和人间的真性情。如在曾孙毓乾出生那年，太清满怀欣喜写了题画词《风光好》：

柳绵绵，水涓涓。嬉戏群儿小河湾，舞雩天。谁家特染丹青笔，多男子。吉兆欣逢甲子年，乐无边。

此词以明朗、欢快的笔调写了河里嬉戏的孩子的天真烂漫，她以一颗纯净的心灵靠近孩子们的世界，表达了对未来的憧憬向往之情。此外，《迎春乐》：

东风近日来多少？早又见、蜂儿了。纸鸢几朵浮天杪，点染出、晴如扫。暖处有、星星细草。看群儿、绿阶寻绕。采采茵蘸苯苜，提个篮儿小。

这首词最能体现太清对童心世界的喜爱和赞美之情，描绘了孩子们各种天真可爱的情态，充分展示了童心世界的自然和美丽，更用“早又见、蜂儿了”、“星星细草”这孩童般的语言写出春天的美，展现了童心世界的率真、自然与热情。

太清具有儿童般纯净的心灵，她将这种纯洁的心用到实际行动中去，和孩子们一起玩、一起动手，痴迷于童趣带给她的欢乐。

太清恬淡超然的个性使得她向往宁静平和的生活，太清词“以宋为法”，广泛吸收宋人的作技巧，她既学习周邦彦的典雅精工，又师法姜夔的清空醇雅，也借鉴李清照词的语言特点，形成了自己典雅清丽、深幽蕴藉的风格。她的词多是记叙日常生活，注重细节的描摹，具有日常性、自然的审美特征。况周颐评价顾太清的词：“不琢不率，极合倚声消息。”说她的词不雕琢，率真自然。

如《玲珑四犯·自制凤凰衣灯》：

腐草为萤，爱几处辉辉，花底池畔。拍手儿童，争扑素罗纨扇。偏又巧入疏帘，暗度过、镜奁书案。点画屏、高下飞遍。似比柳花轻便。练囊不为吟诗剪。慢兜来、冷光成片。一丸挂向纱帏里，留待更深看。最好梦乍回时，明灭影残灯分焰。听小窗微雨，更不避，风吹乱。

以自然流动的时间记叙了太清与孩子们一起制作灯、玩耍、观赏的有趣事件。“拍手儿童，争扑素罗纨扇”，描绘了孩子们世界的真、善、美和率真的童趣生活。这种记叙“童趣”的词蕴含了太清独特的思想感情，表现的不是一般文人纯粹的玩弄风雅的情怀，而是太清作为女人、母亲的生活态度和个人的情感底蕴。太清作这首词时是道光二十一年，此时的太清经历了丈夫早逝、被迫搬离王府等一系列变故，但读者看到的不是一个自怨自艾、对生活失望的太清，而是一个满怀童心童趣慈爱的母亲，在夏天兴致勃勃地带着孩子们在草丛中扑流萤，那么的满足、快乐。“一丸挂向纱帏里”，将萤火虫做成的灯挂在蚊帐内，这本身就“童趣”十足，“留待更深看”更增添了几分孩童的天真和乐趣，等到夜深梦醒，虽然窗外下着小雨，看着挂在蚊帐内的“凤凰灯”，想着白天和孩子们一起玩耍时的画面和欢声笑语，无限乐趣涌上心头，她静静感受着儿童世界所特有的乐趣、生活的温暖以及身为人母的深厚情感。

太清出身于没落贵族，家学深厚，秉性贤惠，又喜爱读诗书。她聪颖敏锐，悟性极高，对事物洞悉入微，有着不同于一般人的感悟和哲思。如《鹧鸪天》：

夜半谈经玉漏迟，生机妙在本无奇。世人莫恋花香好，花到香浓是谢时。蜂酿蜜，蚕吐丝，功成安得没人知？恒沙有数劫无数，万物皆吾大导师。

太清以议论入词，“花到香浓是谢时”一句道出了物极必反的道理，“恒沙劫数”更是引经据典道出万物皆有劫数，有生必有死的人生哲理，小小的蜜蜂和蚕在太清的笔下成了哲理的化身。

如《夏日听道、初两小儿读书》：“闲来窗前课儿女，微风晴日诵《周南》。”在丈夫奕绘刚去世时，她曾说：“儿欲殉泉下，此身不敢轻。贱妾岂自惜，为君教儿成。”太清对孩子们特殊的复杂情感使她在记叙孩子生活嬉戏的诗词中，不仅仅停留在童真童趣的一般生活层面上，而是在这些诗词中，以小见大，以孩子们熟悉的玩具或者玩耍时候的一些小事引出令人深思的哲理来引导教育孩子。

如《鹧鸪天·傀儡》：

傀儡当场任所为，讹传故事惑痴儿。李唐赵宋皆无考，妙在妖魔变化奇。驾赤豹，从文狸，衣冠楚楚假威仪。下场高挂成何用，刻木牵丝此一时。

“傀儡”本是一种儿童喜欢观看的由人牵引木偶演绎故事的戏剧。

又如《惜分钗·看童子抖空中》：

春将至，晴天气，消闲坐看儿童戏。偕天风，鼓其中。结采为绳，节竹为筒。空，空。人间事，观愚智，大都制器存深意。理无穷，事无终，实则能鸣，虚则能容。冲，冲。

词的上片满怀童心写词人春日坐看儿童玩抖空竹的游戏，并描写了空竹的形状和构造；下片由空竹的构造特点引发出含有深刻哲理的议论，以小小的“空竹”玩具联想到世间事，从孩子们喜欢的玩具出发，教会孩子一种积极乐观的人生观和世界观。

再如《玉连环影·元日解九连环》：

连络，个个环相约。解得开时，本自无缠缚。系连环，解连环，一笑人间万事理皆然。

写了民间的一种小小的孩童智力玩具，九个环连在一起，环环相扣，如果方法得当便能解得开。不仅隐含着系连环、解连环的童趣，更从连环本身的特点出发联想到人世间万事万物复杂纷繁，然而只要抓住关键掌握规律，就能迎刃而解，是太清一种豁达人生观的体现。

由上可见，太清以一颗纯净之心看待世界，用儿童般纯真的心灵去抒写自己对人生的希望，用与孩子们在一起的快乐趣事去消解现实社会中的痛苦，其词作具有童心、童真、童趣，同时她在抒写童真童趣时，能融进自己的感悟和认识，赋予这类词独特的哲理底蕴。

第十章

女流辈，诗词气格别样情

顾太清、奕绘夫妇的题画诗词总数是古今第一。日久天长，这些题画诗词自然涵育了顾太清高雅的艺术品味、雅洁的清趣，成为她独特“气格”的重要内涵。

道家思想对顾太清的影响

太清的丈夫奕绘是皇室宗亲，不需要科举谋取功名利禄，夫妻两人共同的兴趣是诗词和学道，对于自家的荣华富贵视为外物，不为所累，超脱世俗，追求精神高雅享受的生活方式。选择这种生活道路，对于他们来说并非偶然。奕绘、太清生活在 19 世纪中期，尤其是太清，经历了嘉庆、道光、咸丰、同治、光绪五朝，这时期清王朝日益走向没落，面临不可救药的崩溃前夕。

奕绘道号太素，与太素匹配，太清号太清居士，又号云搓外史，她的住处名叫“天游阁”，晚年她又自署“天游老人”，“天游”出自《庄子·外物》中的“自有天游，室无空虚，则妇姑勃奚；心无天游，则六凿相攘”。道家主张顺应自然天理，无欲无求。奕绘给太清道装小像题词《江城子·题黄云谷道士画太清道装像》时，明白地说了他们志同道合的认识：

全真道装古衣冠，结双鬟，金耳环。耐可凌虚归去洞中天。游遍洞天三十六，九万里，阆风寒。

荣华儿女眼前欢。暂相宽，无百年。不及芒鞋踏破万山颠。野鹤闲云无挂碍，生与死，不相干。

繁华短促，自然永存，他们向往着野鹤闲云、身无外物所累的生活，天游物外，以求在大自然中，获得超然的境界。

奕绘素喜道教典籍，诗词中常写到《庄子》，如《水调歌头》云："鼠肝虫臂，庄子心已外形骸。"《拂霓 裳》云："灿明霞，化为蝴蝶梦《南华》。"他还多次提到其他道经，如《柳腰轻》云："正相类、刍狗泥牛，可载 之、淮南《鸿宝》。"《鹧鸪天》云："君不见，淮南王，《枕中鸿宝》秘仙方。一炉文火延年药，富贵痴人不解尝。"所谓《鸿宝》、《枕中鸿宝》，即淮南王刘安《枕中鸿宝苑秘书》，为道教修仙炼丹之书。奕绘曾病中研读《黄庭内景经》，其《病起六首》之六云："夜学天文病学医，……《黄庭内景》愈支离。"奕绘还非常熟 悉《玉皇心印经》，其《浣溪沙》"《玉皇心印》碎珍珠"句下自注云："太清曾集《玉皇心印经》残字，为五言诗四章。"此经全称《高上玉皇心印妙经》，全真教内修五经之一，是早坛功课必诵的经文。

奕绘常谈经论道，太清《鹧鸪天》词序云："冬夜听夫子论道，不觉漏下三矣。"词云："夜半谈经玉漏迟，生机妙在本无奇。"奕绘喜欢游览道观，常与全真道士交往，听他们讲经论道。他与京城白云观住持张坤鹤交谊颇深，常去游览。白云观是道教全真派第一丛林。白云观燕九节是清朝的"京师盛日"，奕绘常常带着顾太清去游览。《鹧鸪天·燕九白云观》："菜熟蒸笼已放香，全真蜂拥过斋堂。"白云观住持张坤鹤也常去拜访奕绘，奕绘有《尾犯》一词记其事，词序云："闰月廿一，张坤鹤道人来。"词云："秋潦客来稀，风雨扣门，全真高士。布袜方袍，走百里烟水。……雨晴谈毕，拂袖出门无挂系。"奕绘还常去白云观看放斋、授戒，有《燕九白云观观放斋》、《四月三日白云观观授全真道戒》等诗记其事。如果他因事不能前往，就会感到非常遗憾，《四月十三雨中作，是日白云观传戒，余以足疾不往》说：“去年四月十三雨，仙侣同游太极宫。今年重讲玄都律，牡丹零落向春风。幢幡玉殿层云里，雷雨先天一气中。嗟余抱病不赴会，似隔瑶池无路通。”

奕绘还曾和太清身着道装,请擅画的全真道士黄云谷为他们画道装像。《小梅花·自题黄云谷为写黄冠小照》云：“全真道士黄云谷，画我仍为道人服。”《江城子·题黄云谷道士画太清道装像》云：“全真装束古衣冠，结双鬟，金耳环。耐可凌虚，归去洞中天。游遍洞天三十六，九万里，阆风寒。”可见夫妇二人对全真教的虔诚崇奉。

太清对道家经典相当熟悉，她的词中也常见老庄之言，如《水龙吟·题张坤鹤老人小照》中的“此生如寄”、“谷神不死，逍遥物外”等等。太清的思想也深为道家思想所影响。道家认为自然生命体现出来的“无为而无不为”是最美的，顺天道而活最为自然。庄子《养生主》中赞美了很多生命的天然之美，如泽雉“十步一啄，百步一饮”，鱼“出游从容”，马“路居则饮草食水，喜则交颈相靡，怒则分背相踢”等。我们看她的一首《步蟾宫·至日》：

黄钟律吕吹葭管，渐风日、阳和向暖。诗书相对坐晴窗，看野马、纷纷过眼。

五纹谁计丝长短，且图个、昼长一线。自知不共世人妆，何必问、画眉深浅。

“看野马、纷纷过眼”，有一种尘事不挂于心的感觉。“野马”出自《庄子》中的“野马也，尘埃也，生物之以息相吹也”，说的是各种各样的气息好像野马奔腾一样纷纷而过。太清引此一意象，表明自己不为尘事所羁绊的大彻大悟。“自知不共世人妆，何必问、画眉深浅”，说明她不屑于普通妇女的红装素裹，这隐含着她看重自然之美。

乐道学佛以涵养精神

纵观顾太清诗词，字里行间无不充满着求道学道乐道的玄机道趣。佛道思想对她的生存状态、生命境界、价值取向和艺术趣味产生深刻的影响。在《天游阁诗集》中有一首诗云：虚空浩浩转泥丸，一片清光万古寒。证到无为真妙乐，闲云野水本来宽。

“泥丸”是道教的术语。道教称人的脑为“脑神”，名精根，字泥丸，是人的元神。《修真十书》云：“天脑者，一身之宗，百神之会，道合太玄，故曰泥丸。”“泥丸”虽指渺小的个体生命，却又潜藏着浩浩虚空的全部信息和全部功能，是宇宙的一部分，与宇宙息息相通，道家的目标就是要修身人道，法天之自然，虚静无为，神与物游，就可达到天人合一，获得“妙乐”，即佛家所说的“真如妙境”，恢复生命的本真，可达于“闲云野水本来宽”的境界。太清《天游阁诗集》中有一首很特别的诗《集先恪王书玉皇印经零字四首》，先恪王即奕绘的父亲绵亿，清高宗乾隆皇帝孙子。太清以先恪王书写的《玉皇心印妙经》题写四首诗。《玉皇心印妙经》即《心印经》，是全真道重要的四大经典之一。太清不仅读道教经典，而且经常与丈夫奕绘一起参加道教的斋醮仪式，这在她的诗中有大量记载，如《次夫子燕九白云观观放斋原韵》、《四月三日白云观看道场作》等。他们夫妇与道士来往很密切。在顾太清的词集《东海渔歌》中有四首词都是写与北京白云观主持张坤鹤来往的内容，直到老人去世。顾太清常常与老人坐而论道、探究教理：“谈论海天方丈”“把身心、且自忘忧颐养。阅尽古今花样。”

当然，作为女性文人，太清最爱读的是《庄子》，以至《庄子》的寓言、意象和语言，在她诗歌中不自觉的流入笔端：“马蹄秋水感庄生，诗如陶谢终为累”“本来心似鱼游水，何事身如马絷蹄”“天籁无声归浩荡，大钧一气转鸿蒙。”“君有庄周临水乐，我如列子御风行”。此类句子在她的诗词集中触目皆是。

在太清诗词中出现频率较高的是“隐几”“虚舟”“观化”等语象：“经旬卧病强扶起，隐几南窗坐片时”；“穿廊流水听无厌，堆案好书相对闲。隐几先生如丧偶，几曾步履到人间”；“夜深人静，梦回酒醒，半隐乌皮几”；“此际身心清凉甚，兀坐嗒然隐几”；“隐几”见于《庄子·齐物论》的开头一段“南廓子綦隐机而坐，仰天而嘘，嗒焉似丧其偶”故事，借颜成子游和南廓子綦的对话说出“吾丧我”的境界，“吾”是摒除了主观成见的主体，而“我”则是被种种偏见所闭塞的自我主体，人世间，一切是非争论都是由偏执的“我见”所引起，“吾丧我”就是摒除种种主观偏见，内心空灵虚静、澄明清朗的真我状态。“虚舟”是《庄子·山木》中有名的寓言：“方舟而济于河，有虚舟来触舟，虽有偏心之人而不怒”，表达“人能虚己以游世，其孰能害之!”人能处世无心，委任运化，去除巧智，让自己心地空虚，遨游于大自在的境地，自然能成为无所滞碍、圆融通达、来去自在的“高人”。

由道入佛是中国文人思想的普遍历程，太清亦不例外。她不仅读道家哲学著作，从她的诗词中可以看出她也大量阅读佛经。“空山谁建法王坛，喜舍慈悲四相宽。日午灵风翻贝叶，一声清磬出云端。”“四相本来无我相，深心普入众生心。”“喜舍慈悲”为佛教四无量心，是成佛的基本资粮；“四相”即《金刚经》中“无我相、无人相、无寿者相、无众生相”，其中“无我相”最关键，佛教认为“我相”之存在，形成我执，强烈的“我执”是导致烦恼痛苦的根源，能破除“我执”，则能彻底解脱无明烦恼。“四相本来无我相”，与《老子》第13章所说“吾所以有大患者，为吾有身；及吾无身，吾有何患”以及庄子的“虚舟”、“吾丧我”的精神也是相通的。野鸟山蜂皆法象，苍松古柏宛游龙。”这里“野鸟山蜂皆法象”的“法象”本是中国哲学术语，是对事物现象的总称，《易经·系辞上》：“是故法象莫大于天地，变通莫大乎四时”。

北宋张载《正蒙·太和》也说：“盈天地之间者法象而已。”佛经汉译时就用此词表达事物现象，陈义孝编《佛学常见辞汇》说：“诸法显现于外之相状。”故也称为“法相”。佛教认为世间一切存在都是法相，都是真如自性的显现。“诸法一性而相万殊，以万殊之相以言法，故曰法相”。（《佛学次第统编》杨卓编）法相与人的自性是一体的，因此大地山川虫鱼草木皆为心性之显现，心与物不是相对待，而是自他不二，宇宙万象与我为一，这种思想与《庄子》“齐物论”不是也很相通的吗？“野鸟山蜂皆法象”——太清在写景中自然巧妙地融入了这一深刻义理，一旦悟入此理，人的心量就会无限阔大、宽广无边。无论是道家的“虚静”“无我”、佛家的“无我相”“心物一元”其思想精髓都是去除我执、偏狭和滞碍，从哲学的高度打破成见、消解内在的精神束缚，获得最高境界的自由。因此她心胸开阔、思想通达、性情乐观，有着磊然畅适、洒落澄明的情怀，有着健朗爽快、怡然自乐的心境。这种内在的生命境界、精神状态、以及性情直接在她的文学创作中表现出来，这是她的词有着独特“气格”的精神基础。

太清长期阅读佛道经典，精研佛理，使她思想通达，她“放怀随处总相宜”，“纷纷人事随时应，识破浮生乐有余”；佛道文化思想的熏习渐渐除去了传统女性身上的柔弱卑小，根绝琐碎俗念，日渐生成“落落云间鹤，悠悠世上人”（《东山杂诗九首》）的人格气质，养成她磊然阔大的胸襟，她心宇拓展，有着光朗洁净的浩然之气，因此她的诗词境界高远阔朗、气象不凡：“一望苍茫界，涵光万象开。野云浮瑗，澄水澹滢洄。”（《赋得云水光中洗眼来》）

满族女性特有的个性

顾太清词之所以与汉族女性词人在艺术风貌上呈现出很大差异，形成自己独特的“气格”，还有一层重要原因是与民族的历史和文化传统有关，满汉两族其实有很大差异，虽然今天由于处于相同的政治、经济、文化生活中，经历了几百年的融合过程，已经无法分辨满族和汉族性格的差异了。但如果把时间推至三百年前满族先世女真时期，在那样特定环境、经济生活与文化状态中，女真人形成了有别于汉族的民族性格。女真人生活在黑山白水之间，世世代代过着渔猎生活，在向大自然攫取生活所需的艰辛磨砺过程中，陶冶和造就了他们刚毅果敢、乐观豪放、无拘无束、奋发拼搏的民族性格。

与相对稳定的农耕生活不同，旗人在入关前是全民皆兵，男子都是职业军人，需要经常离家在外，游走四方，有的甚至长期不归，因此操持家务、支撑门户的担子就由妇女独自承担，泼辣能干也便成为特殊环境对她们提出的要求。这种骑射的剽悍生活方式，一方面造就了她们狂放不羁的性格，另一方面也使满族女性在家庭中的地位比汉族女性更高一些。这一点从一些史料记载中可见，据昭梿《啸亭杂录》记载，乾隆帝之第十女和孝公主备受其父钟爱，她"性风毅，能弯十力弓。少尝男装随上较猎，射鹿丽龟，上大喜，赏赐优渥"。她被其父嫁给和珅之子丰绅殷德，嘉庆帝即位之后"和相籍没，驸马继殂，公主主持家政十余年，内外严肃，赖以小康"。可见满族妇女刚强和善于持家等特点，即使在最为显贵的皇室公主身上也未泯灭。此外，满族女性受到的身心约束比汉族女性要少一些。以缠足为例，满族统治者禁止满族妇女缠足的。入关之初孝庄皇太后曾下诏："以缠足女子入宫者斩"，次年又谕："以后人民所生子女禁缠足"。顺治十七年再次下诏，有抗旨缠足者，其父与夫杖八十，流三千里。

满族人特别是男人并不以缠足为美。满族学者金启孨在谈到他曾生活于其间的北京满族时提到，满族男子欣赏的女人有两个突出特点，一是"精明能干，泼辣厉害"，一是重视贞操。他认为即使后者，也是"在中原传统妇德外壳下，内中包含着满族固有性格"。

由于女性较男性更少受到政治上的干涉，在满族汉化的过程中，妇女身上更多的保留下来本民族的意识和文化传统习俗。满族人入主中原后，满族妇女虽然受到汉族文化和道德传统的影响发生了很多变化，然而作为一种民族的集体无意识仍然深深积淀在满族女性顾太清生命里，她坚强、乐观、勇敢，她能无拘无束地在山水自然中"高下田园策马寻"，常常与奕绘并辔联骑，探古洞、寻幽涧；她能痛痛快快"贪看秋色归来晚，竟作南山十日留”。在社交上也享有比汉族女子更多的自由，她说“深闺雅效群贤集，盛世能容我辈狂!”作为满族女性顾太清的精神性格当然更为飞扬舒展。

况周颐不愧为独具慧眼的词评家，他发现顾太清词以“气格胜”的特点，这种“气格”的生成，正是由于顾太清对佛道思想的追求和崇仰达到了高度自由的精神境界；皇室宗亲优裕条件使她得以享受高度艺术化的生存状态和高雅生活；满族女性不同于汉族女性旷达洒落、奔放不羁的民族性格的影响。这一切既是她的词“气格”生成的原因，也是其“气格”的特定内涵。

皇室宗亲的优裕闲暇

顾太清的丈夫奕绘作为乾隆皇帝的玄孙，享受皇室宗亲优厚的物质和文化生活待遇。首先，奕绘不必去做为了举业而不得不做的八股文，不必读为了科考而不得不读的书；其次，不必为生计奔波，奕绘只做过很短时间的闲职，38 岁即请求解职，解职后却仍然享受一半的俸禄，而且可以预支 20 年的银两，以建筑南谷别墅。

欧阳修曾在《浮槎山水记》中说：“穷天下之物无不得其欲者，富贵之乐也，至于荫长松、藉丰草，听山溜之潺，饮石泉之滴沥，此山林者之乐也。”在这篇文章中，欧阳修说由于种种原因，富贵者、贫贱者不能兼得两种之乐。而太清和奕绘夫妇既享受了“富贵者之乐”，又享受了“山林者之乐”。这是由于他们既是皇室宗亲，他们能够“穷天下之物无不得其欲者”，充分享受“富贵者之乐”；同时，又由于奕绘母亲及其祖母都是侧室，他天然远离皇权政治斗争的中心；与其他皇室宗亲相比，顾太清和奕绘夫妇具有更为深刻的佛道宗教崇仰，他们的价值观、审美观趣向于返璞归真。奕绘曾在《杏秋》中写道：“我志在丘壑，久谢俗尘羁。”奕绘38岁即解职，主要与他的世界观有关系。奕绘《流水编》卷十中有一首诗《在告满一月罢职述志》云：“予告闻明诏，抽身得退闲。中年疲待漏，短褐恣游山。……行藏须早计，莫待鬓毛斑”。奕绘的这种世界观当然与顾太清是相知相乐的，他们的隐逸人格决定了他们疏离政治、追求艺术化的生活和生活的艺术化。登山临水、吟诗填词、营园作画、书墨抚琴、品藏文玩、坐禅求道……充裕的闲暇和皇室宗亲的身份为他们提供了高雅的艺术化生活的条件，使他们得以淋漓尽致的享受这种艺术化的人生。

这种艺术化、文人化的日常生活充分体现在太清诗词内容中。

顾太清与奕绘伉俪情深，志趣相投。满族女子能骑马，顾太清常常与丈夫并辔联骑，寻访京郊名胜。太清词详细记下了他们夫妇游历的生活细节。《浪淘沙》小序写道：“同夫子游石堂，回经慈溪，见鸳鸯无数，马上成小令。”词的末句写道：“三十六双花样好，同浴清溪”。他们曾一同去丰台春游，《鹧鸪天·上巳同夫子游丰台》词中有“夕阳影里双飞蝶,相逐东风下菜田”的佳句。他们日则“登高同策马”（《菩萨蛮·登石景山天空寺望浑河》），夜则同读于灯下。如《鹧鸪天》：

夜半谈经玉漏迟，生机妙在本无奇。世人莫恋花香好，花到香浓是谢时。

蜂酿蜜，茧抽丝，功成安得没人知。华鬘阅尽恒沙劫，雪北香南觅导师。

词序中写道：“冬夜听夫子论道，不觉漏下三矣。盆中残梅香发，有悟赋此。”本词描写夫妇两人夜半读经心有所悟的乐趣。

奕绘好金石古玩字画收藏，太清将这些写进词里。太清词《风入松·题王明叔听松图》，就是写夫妇二人欣赏元代四大家之一王蒙的《听松图》，借题画词表现夫妇二人共同的人生价值追求：“幽人肥遁厌繁华，云水生涯”（太清语），他们向往“日日开窗对怪松，云霞变换太虚空”（奕绘语）这种清净超脱的生活境界。

太清终身嗜书，手不释卷，她曾说“上善功夫在读书”、“读尽好书听尽瀑，水云声里寄闲眠”。顾太清诗词中大量写到读书，《春雪晚晴》写道：“绕坐花光何艳冶，袭人香气忒轻盈。摊书自向明窗坐，消受茶烟一缕清。”《雨中偶作》：“绿槐高柳对门居，心静能教万虑除。放下筠帘展冰簟，芭蕉窗里坐抄书。”读书的环境优雅清净。即使在远离京城的东山隐居的草堂，他们也拥有大量图书：“卉木见真趣，图书森古香。”“堆案图书妆阁静，绿阶花木小庭幽。”奕绘在《题太清听雪小照》中说：“晚妆淡将卸，函书初罢读”，在根据这幅自画像翻刻而保存下来的画作上，我们看到顾太清身边“堆案图书”。太清不仅自己酷爱读书，手不释卷，而且督促儿女读书，《夏日听道初两儿读书》写道：“倏然花木荫茅庵，一炷炉烟经半函。闲向窗前课儿女，微风晴日诵周南”。她给女儿出嫁写的诗是这样的：“女子无才便是德，莫因斯语废文章。家贫媵汝无金玉，只有诗书作嫁妆”，虽然俗谚说女子无才便是德，但顾太清嘱咐她女儿不要因此而荒废文章，可见她从来不受此局限，对此不以为然，她认为女子读书仍然是最重要的。这正是刘永济所说的“书卷之陶冶酝酿，自然超尘”，大量读书丰富了顾太清精神世界，丰厚的学养正是顾太清词“气格”的底蕴。

在他们鉴赏的艺术品类中，题写最多的是绘画作品，这几乎成为是他们艺术化生活的主要内容。有时就某一幅画一连题诗多首，比如《天游阁诗集》中有《辛卯正月同夫子题邹小山画册十首》一连题写十首；有一首诗题目很长《丙戌夫子游房山得山水小轴甲午同题丙申夏偶检图书又互次前韵各成二首》，从诗题中可知，是写十年前奕绘曾购得一幅山水画轴，当时已经题诗，十年后偶然翻检图书时，两人再次各题诗二首，太清诗中写道：“批图共话十年事，好景终归一卷藏。近水遥峰看不尽，蓬莱应在海东方。”“逐世与人无不可，放怀随处总相宜。妙音入耳飞云瀑，翠壁当门老桧枝。更有青童侍左右，玉笙吹到夜凉时。”他们深深沉浸在十年前所购得的一幅山水画之优美意境中，再次享受其艺术美，他们收藏的这幅画今天已经很难见，但他们因这幅画而创造的诗歌却令我们享受了美。

奕绘不仅15岁就好《易》学，著《读易》十则，而且好读佛经，为了阅读佛经他还学习梵文，太清在《癸巳正月十六次夫子生日原韵》诗中有“空花巧织天孙锦，妙理精书梵世文。禅榻鬓丝相结伴，心香一瓣破魔军”之句，在“妙理精书梵世文”句后自注道：“夫子善书梵字”。奕绘在《写春精舍词》中有一首《临江仙》词，词的末尾自注云“时方作《金刚经合论》”，可见奕绘还写过佛教论著；他的诗集《流水编》中有《阅藏经》诗，他还写过《读楞伽经作歌》，末尾写道：“乾达婆城境中影，本来无缚谁能解。十二因缘究始终，我相灭尽神明通。昨宵梦见如来语，三界十方空复空。”

游历自然山川、探幽寻古是他们夫妇家庭生活的另一个重要内容，并成为太清诗词的重要内容之一。顾太清终身酷爱登山临水，她曾说：

“平生留意好峰峦，愿得将身住此间。”她要“收拾烟霞过此生”。她的理想生活图景是“山中共享余年乐，坐对寒梅赋好诗”。“遇佳山水留诗句，对好花枝费笔尖。”她终身不废吟咏，将所游历之处写入诗词，“城西百里多名胜，知乐无过山水间。”在她的诗词中，我们看到她常常游兴十足，总是感到时间太短：“游兴最嫌秋日短，马头明月照人归”；有时索性夜游不归“吹面不嫌山气冷，满天星斗压春岑”；在《朝妙峰六截句》中写道：“涉水登山无数层，清凉兰若喜初登。山僧遥指星星火，告是双龙岭上灯。”这首诗末尾自注：“晚宿石佛殿，望双龙岭”。他们夫妇几乎遍游京城附近的山水名胜，太清写下许多描写京城附近山水之美的词：《祝英台近·潭柘龙潭》《菩萨蛮·登石景山天空寺》《风光好·天宁寺看花望西山积雪》《杏花天·同游南谷》等等。在太清的笔下山水是人格化的，充满情趣：“碧山待我有今日，好景娱人须及时。梦醒西窗残月影，枕边移过老松枝。”五十多岁时，她还能兴头十足地率领儿孙登山，即使山高到了“插天万仞摘星陀，仰望乔松似薜萝”，她也能“到此不须生退意，个中上有景千般。”比她儿孙们更不怕辛苦。直到七十多岁不能登山时，她还多次梦见登临山川的情景，《西江月·光绪二年午日梦游夕阳寺》下阙写道“好梦流连怕醒，偏教时刻元多。登山临水乐如何，好梦焉能长作。”她在梦中游历山水，且怕梦醒后美景消失。

并非所有的皇室宗亲都真正懂得拥有“闲暇”、创造艺术的人生，佛道哲学思想的价值取向、对艺术化人生的追求，特别是个人秉赋的艺术才能、“天资明敏、才高颖悟”等等诸多因缘，才使得他们真正拥有并享受“闲暇”。“闲暇”是哲学概念。现代德国哲学家约瑟夫·皮珀在《闲暇：文化的基础》中，从哲学的高度阐释“闲暇”意义，他是从西方文化历史发展角度来论述“闲暇”对于人类文化发展的意义的，书中

清代宫廷妇女形象

有这样的话："我们对许多伟大的真知灼见的获得，往往正是处在闲暇之时。在我们的灵魂静静开放的此时此刻，就在这短暂的片刻之中，我们掌握到了理解整个世界及其最深邃之本质的契机。"他是把"闲暇"看做人类创造文明的基础。译者在序言中概括本书主旨时写道："我们追求闲暇的至终目标就是期待能够把这样的能力发挥到淋漓尽致的地步，借以拓宽我们的观物眼界，然后丰富我们的内涵。""闲暇"是拓展精神空间、创造精神产品的重要基础。顾太清和奕绘夫妇终身没有辜负上天赐予的"闲暇"。充裕的闲暇使他们能够淋漓尽致的享受并创造艺术化的人生，这种生活即使在皇家宗室中也并不多见。

解读顾太清——顾太清的音乐才情

清代填词之风，深入闺阁。许多女性于操持家务、相夫教子之外，拈笔墨涉足词坛。有清一代的词媛，据徐乃昌先生汇辑的《小檀栾室汇刻闺秀词》及《闺秀词钞》二书，即有六百余家。但是，古代妇女“生长闺阁，内言不出”，所吟咏的多是悲欢离合之作，常见的不外乎伤春悲秋、离愁别恨。然而那笺上的点点泪痕，欲干犹湿，像是溅到素纨上的朵朵殷红，随便一点染，便是一出长长的、满是哀怨的故事。她们所作的词，因为视域拘束，题材较窄，不可避免地带有纤弱浮艳之弊；而顾太清，身为满人，北方游牧民族之后，使她与生俱来带着满人的健朗、开阔的胸襟，这也使得她的词有别于一般女性词人的词境敏感婉约、满纸愁怨。同时，太清又有作为女性词人的闺阁情怀与生活意趣，“清朗俊逸的女儿性灵”（薛海燕《近代女性文学研究》）——知音娴律。

她的绝世才华，不仅体现在诗词创作方面的杰出才能，还体现在她在音律方面冰雪聪明的悟性。

太清以一首《唐多令》词云：

常伴镜奁边，常随玳瑁筵。费仙人，种玉生烟。扫尽纤尘弹一曲，明月下，百花前。

笑我近来颠，邀君雪后天。喜同心、兰蕙斯言。愿得一生长聚首，丝竹事，乐中年。

太清以“常伴镜奁边，常随玳瑁筵”，示其珍爱。其“用”则“扫尽纤尘弹一曲，明月下，百花前”，俨然是一幅自况的静女调琴图。古人抚琴“必择静室高斋，或在层楼上头，或在林石里面，或是山巅上，或是水崖上”（《红楼梦》六十八回），山巅水崖传来的琴声，似风动万壑，苍松齐鸣，有一种磅礴的气势。这样的弹琴为士大夫，而“明月下，百花前”，则适合“纤手怨玉琴”。试想月明的夜下，花影覆衣，参差浓淡。当微凉的夜风出来，花移影动，一时分不清拂弄琴弦的是纤手，还是花影？只有如梦如幻月，若即若离花，和流淌在花月之间的潺潺琴声。而于“百花前”鼓琴的另一妙处是，可免却“焚香”——那一丛丛的花，不就是天然的香炉么？炉鸭金兽口里衔含着的沉香，或是龙涎、瑞脑，怎比天然的海棠、蔷薇的香气？这“百花前”三字，可见出太清的雅中有娴，即是娴雅。下片中的“丝竹事，乐中年”，写出自己以丝竹为人生之乐的高雅情趣。

李渔在《闲情偶寄》中说：“喜弹不若喜听，善弈不如善观。”太清可称得上“善听”。道光中叶，梨园太监陈进朝，抱琴到府演奏。太清填《烛影摇红·听梨园太监陈进朝弹琴》记此事：

雪意深沉，北风冷触庭前竹。白头阿监抱琴来，未语眉先蹙。弹遍瑶池旧曲，韵泠泠，水流云瀑。人间天上，四十年来，伤心惨目。

尚记当初，梨园无数名花簇。笙歌飘渺碧云间，享尽人间福。太息而今老仆，受君恩，沾些微禄。不堪回首，暮景萧条，穷途哀哭。

太清的丈夫奕绘也填词《江神子》记之

三朝阿监一张琴，觅知音，少知音。牢记乾隆，嘉庆受恩深。一曲汉宫秋月晓，颜色惨，泪涔涔。老奴空抱爱君心，借长吟，献规箴。弹遍鹿鸣鱼丽戒荒淫。玉轸金徽无用处，歌羽调，散烦襟。

陈进朝在乾隆、嘉庆和道光三朝供奉宫廷，曾为皇帝专职演奏，长期受到恩宠，后因年迈，被黜出宫。太清和奕绘两人的词里都写到了他的凄凉晚景。

较之奕绘的词，顾太清更多着眼于陈进朝的演奏。“韵泠泠，水流云瀑”七字，形容其指法高妙，恰似瑶池仙曲。“水流云瀑”四字，又含“高山流水”之典。随着泠泠琴声，太清联想到当初名花团簇、笙歌飘渺之景，而今往事悠悠过，繁华转成梦。太清闻此曲，不由发“人间天上”的感慨。这一声感慨，有深沉的哀痛。奕绘说陈进朝觅知音，少知音，眼前不就有一位么？

太清有多阕描写妙音的词章。如《定风波·同诸姊妹听佩吉弹〈平沙落雁〉一曲》：“一曲瑶琴为我弹，北风烈烈指头寒。相见秋江残照里，烟水。联翩雁影下空滩。”太清以她深甚的领悟能力，把佩吉的铮铮琴声化为优美画面：秋江残照，空滩烟水，氤氲空濛的景致中，倒映着联翩雁影。

《江神子·听屏山姊紉弹琴》中的“落花风度水云声”、“真个九皋，长唳近虚灵。听到曲终人语静，霍然使，存心清”，则写听琴的感受。关于屏山所操之琴，太清词下有自注：“琴名鹤鸣。”用《诗经·小雅·鹤鸣》典故：“鹤鸣九皋，声闻于野。”赞屏山所奏之曲的悠扬虚灵，使人寸心清净，涤荡尘世间的私心杂念。太清有琴心，故能闻琴而臻此境。

一阕《高山流水·听琴》更是写得声情并茂：

七条弦上写柔情。一丝丝，弹动秋声。风拍小帘栊，花阴恰有人听。芭蕉影、隔住红灯。分明是，流水高山绝调，戛玉敲冰。是幽兰制佩，腕底散芳馨。泠泠。虚空度鸿雁，寒浦外，水净沙平。何处怨苍梧，落叶舞风轻。掩朱帏、拍缓弦停。夜深也，还怕纤纤素指，错点明星。默无言，怅落江上数峰青。

《高山流水》原为吴文英的自度曲，赠与善弹琴的丁仲基妾。太清取词本意，来写社中课题。《红楼梦》四十四回，贾母叫女孩子演习，凤姐命人去叫，贾母道："就铺排在藕香榭的水亭子上，借着水音更好听。"琴声由于融入了风声水音，更加美妙悦耳。那琴声，一丝丝，动秋声。忽又是，"戛玉敲冰"般的清亮莹澈。古曲悠扬，如同奏琴人腕底散发出来的芳馨，琴声婉转，有"虚空度鸿雁"的舒展从容，有"水净沙平"的明朗空阔，又有悲戚哀怨，似染苍梧之野娥皇女英的斑斑啼痕。那琴声凄极怨极，细如落叶风飘，欲绝而未绝，一直响在耳边。一曲终了，余音袅袅。结句化用钱起《省试湘灵鼓瑟》中的"曲终人不见，江上数峰青"，张炎《词源》说："词中用事最难，要紧看题不涩。"太清用得贴切熨妥之至。

可能是因为太清自己善琴的缘故，太清词中的奏乐仕女，以弹琴居多。她偏爱弹琴的艺术作品，并以词延伸其意境，如《伊州三台·题云林扇头弹琴仕女》仕女于月明的夜晚，珠帘半卷，独自抚琴。她拨动冰丝，能细通“天上人间情踪”，“一曲特愁侬”。词中的抚琴仕女安闲淑静，又含着脉脉幽情。

又《醉翁操·题云林〈湖月沁琴图〉》，操琴美人是在湖月辉映的情景下，悠然，长天，澄渊，渺湖烟，无边。清辉灿灿兮婵娟，有美人兮飞仙。悄无言，攘袖促鸣弦。照垂杨、素蟾影偏。羡君志在，流水高山。问君此际，心共山闲水闲？云自行而天宽，月自明而露溥，新声和且圆。轻微徐徐弹，发曲散人间，明月风静秋夜寒。悠悠长天下，映月的湖水烟波渺渺，月下抚琴，临流动操。境悠然，心也悠然。太清称操琴美人为“飞仙”，赞美她“心共山闲水闲”，有高洁的志趣。该词下片接着由琴声驰骋想象：“云自行而天宽，月自明而露漘。新声和且圆，轻徽徐徐弹。法曲散人间，月明风静秋叶寒。”

又《鹊桥仙·题孙松岑〈阅音修篁图〉》：“琅玕一径，瑶琴三弄，人在清凉极处。萧萧时作风雨声。倚怪石，苍苔株树。”清幽的环境，让人想起王维的“独坐幽篁里，弹琴复长啸”。“萧萧时作风雨声”，是竹叶的婆娑，也是空灵如竹音的琴声。

顾太清确实对音乐有特殊的感悟，音乐之境与词境两相浑融。一首《凌波曲·孙瑛如女士嘱题〈吹笛仕女〉团扇》，词短，然而意境十分清空。“西风露零，高楼笛声。无端吹起离情，落梧桐叶轻。三更五更，云窗未扃。小蟾斜影分明，挂栏杆正平。”笛声幽怨，能无端吹起离情。“三更五更，云窗未扃”，衬笛声的悠远。

顾太清曾与一批来京师的江南才女，共同结成“秋红吟社”，联诗吟咏。这些香南雪北的才女，情趣相投，声气相通，又各具卓越的艺术才能。太清的好友，也是清代著名词媛沈湘佩曾拟琴棋书画四题，分别是《荷榭弹琴》《松下围棋》《桐阴摹帖》《蕉窗读画》。太清善琴，四题中的“荷榭弹琴”，说的岂不就是太清么？

后　记

历史塑造出代代相传的绝代佳人，可对她们的生平事迹却又不屑一顾。除了那些跻身政坛的皇后嫔妃在史传中占了一点篇幅，且是惜墨如金，更多的美女佳人都只是在笔记、野史、小说、传奇、民间故事中才能搜罗出一点点传闻轶事，有的已变得面目全非。

传统的历史给了男人更多的关照，却少了对女人的关注和荣耀，她们是中国历史绕不开的死结。“红颜才女”系列图书共 10 本，从另一个视角展示了这些女性的美丽、欲望、才情和智慧等，并作了客观的评价。书中呈现了卓文君、班昭、蔡文姬、谢道韫、薛涛、鱼玄机、李清照、朱淑真、柳如是、顾太清 10 位女中豪杰的风采，她们离奇跌宕的身世和不可复制的命运，无不是一个时代与历史的精彩缩影。

西汉卓文君天生丽质，容貌姣好，自幼聪明伶俐，博闻雅识，诗歌词赋，无一不精，更兼擅长音律，琴技无双。然而，这朵娇艳欲滴的鲜花，却遭到狂风暴雨的摧残：父亲为了攀附权贵，将她嫁与李家公子。

丈夫体弱多病，撒手西去，文君只得独守空房。李府内妻妾争风吃醋，丑态百出，文君发现身边有一双邪淫的眼睛……才华横溢而又穷困潦倒的司马相如与卓文君一见倾心，双双坠入爱河。琴声相约，雪夜私奔，文君冲破世俗观念，抛却锦衣玉食的生活，毅然扑入爱人怀抱，贫寒的生活随之压向她柔弱的肩头。他日司马相如平步青云，飞黄腾达，沉溺于声色犬马之中，心生纳妾之意。卓文君悲痛欲绝的眼泪化作哀婉动人的诗句，相如读罢如当头棒喝，羞愧中找回从前的自我，二人始得生死相依，百年好合。

东汉班昭出身儒学世家，父亲班彪是远近闻名的学者，长兄班固著《汉书》，未竟而卒，次兄班超，为汉代著名外交家。在父兄的影响熏陶下，班昭学问广博，很有才干。十四岁时，班昭嫁于同郡人曹世叔。丈夫早年去世后，班昭清守妇规，举止合乎礼仪，气节品行非常好。班昭晚年，身患疾病，家中女子们又正当出嫁的年龄，班昭担心她们不懂妇女礼仪，令未来的夫家失面子，辱没了宗族，于闲暇时作《女诫》七章，以做勉励，书成后，对宫内妇女的教育很有帮助。班昭还继承长兄班固的事业，续写《汉书》。

东汉末年的蔡文姬是天生才女，通音律，善辞赋。命运苦难，她从繁华坠入风霜，宿命轮回，她遭遇爱与生命的流离。各色岁月一一尝遍，她终是无悔此生。她用一生风雨打磨饱满的灵魂，诉说着千古幽思。孤芳续汉史，血泪写春秋。《悲愤诗》与《胡笳十八拍》再现了蔡文姬凄楚的生活经历与悲愤的思想感情，一代代流传下来，成为千古绝唱。

东晋才女谢道韫留下来的事迹不多，其中最著名的故事，记载在《世说新语》中：谢安在一个雪天和子侄们讨论可用何物比喻飞雪。谢安的侄子谢朗说“撒盐空中差可拟”，谢道韫则说：“未若柳絮因风起”，因其比喻精妙而受到众人的称许。也因为这个著名的故事，她与汉代的班昭、蔡文姬等人成为中国古代才女的代表人物，而“咏絮之才”也成为后来人称许有文才的女性的常用词语，这段事迹亦为《三字经》“蔡文姬，能辨琴。谢道韫，能咏吟”所提及。在孙恩之乱时，丈夫王凝之为会稽内史，但守备不力，逃出被抓被杀，谢道韫听闻敌至，举措自若，拿刀出门杀敌数人才被抓。孙恩因感其节义，故赦免道韫及其族人。王凝之死后，谢道韫在会稽独居，终生未改嫁。

薛涛是古代十大才女之一，唐代首屈可指的女诗人，历史上的才女不少，但没有哪一个能像薛涛那样才艺双绝，具有多方面的才能，尤其在人生经验和政治素质上的历练无人可比。薛涛和很多在历史上留下名字的女子一样，有着清丽的容貌，虽然不幸坠入风尘，她的心灵却生长着一双自由的翅膀，以天性敏感和细腻，委婉地书写着温润的内心世界，细致入微地发掘个体生命体验，用哀怨的泪水勇敢地控诉时代的不公。身处庞大而炫目的诗歌唐朝，在那些光焰万丈的文学繁星中，她灼灼地发出自己的光芒，注定成为一个不容忽视的存在。

晚唐的女诗人当中，以鱼玄机最为知名，也最为传奇，色既倾国，思乃入神，又被誉为“才媛中之诗圣”。这样一位才貌双全的风流佳人，却时运不济，命途多舛，牵连进包括笞杀婢女绿翘在内的多宗谋杀案，最终以悲惨的结局收场。

宋代李清照的人与文，是一致的清丽，一样地充满光的气味，她是绝品的女子。生命被把持得清洁自如。纵然有曲折、有挫折、有跌宕、有不可预知的舛错，但她携着内心清正的道一点一点化解，从不拖沓。

南宋女诗人朱淑真是唐宋以来留存作品最丰盛的女作家之一。她生于仕宦之家，饱读诗书，精通音律，尤擅诗词，后人称之为“闺中之秀，女流之杰者”，为南宋多情才女和美女，与李清照齐名，但却婚姻不幸，遇人不淑，与丈夫志趣不合，夫妻不和睦，情绪时时抑郁苦闷而又无可奈何，她只有寄情于诗，移情于物来排遣爱情生活带来的“颦眉”，最终因抑郁早逝。传朱淑真过世后，父母将其生前文稿付之一炬，现存《断肠诗集》、《断肠词》传世，是劫后余篇。

明末柳如是是秦淮八艳之一，琴棋书画样样精通。她二十四岁遇见钱谦益，他们以诗文为媒，惺惺相惜而走到了一起。面对改朝换代，柳如是与钱谦益两人由于认识上的不同，陷入了巨大的分歧之中，感情出现裂痕：一个远去北京做了清廷的官员，一个南下追寻抗清的南明军队。当一切繁华落尽，两人再度破镜重圆，在红豆山庄过起了平淡而恬静的田园生活，钱谦益死后，钱氏族人意欲争夺钱家家产，柳如是为了保全后代与钱氏家族的财产，用三尺白绫自缢而死。

顾太清是清代著名女词人。著作小说《红楼梦影》，成为中国小说史上第一位女性小说家，其文采见识非同凡响。顾太清多才多艺，且一生写作不辍，她的文学创作涉及诗、词、小说、绘画，尤以词名重士林。她做诗词全凭才气，不摆“唐模宋轨”的架子，倒也潇洒自如，平添一种风流态度。

女性用自己的经历创造历史，但在由男性书写的历史上，她们的存在史、她们的挣扎与奋斗，她们的快乐与痛苦都被压抑在黑暗之中，所以她们的人生经历更值得一读，透过它，人们可以从另一个角度重读历史。

为了增加图书的可读性和趣味性，本书在编写过程中参考了古今大量史料和札记轶闻，也参阅了今人研究者和历史爱好者的相关著作和文字，特对此隆重致谢。凡所参考文字大部分已得到作者同意并付与相应稿酬，但也有部分文字无法联系到原作者，若在阅读过程中发现贵文，烦请联络我处获得稿酬。

联系方式：1798789501@qq.com